SABORAMI

CHAINLINKS

SABORAMI

by
Cecilia Vicuña

Cecilia Vicuña's SABORAMI was originally published in 1973 by
Beau Geste Press in Devon, U.K. The following recreation would
not have been possible without the help of Karen Miller. Thanks also
to James O'Hern.

CHAIN**LINKS**
Oakland and Philadelphia
Series editors: Jena Osman and Juliana Spahr
Design: Jacqueline Thaw
Typesetting: Jena Osman

Contents

SABOR
A MI
cecilia
vicuña
beau geste
press

SABORAMI
was produced in association
with the author in the shops of
B E A U G E S T E P R E S S
Langford Court South-
Cullompton, Devon, U.K.
in an edition of 250 copies
of which the first 30 are signed

Photos by Nicholas Battye (the objects)
and Bill Lundberg (the paintings)
(All photographs reproduced from
paper plates)
Translations by F.E.
Designed for Mimeo+Offset and
printed by F. Ehrenberg
Finished by the B.G.P. Community

ISBN 085998 818 X

Association of Little Presses

Autumn   1973

A few explanatory words:

Saborami, a taste of Cecilia Vicuña, is an untranslation from the spanish.

Appearing as it does two months after Chile was carefully raped by starry striped militarists, Saborami is the very first howl of pain to emerge from the rubble under which Chile's conscience lies stunned.

This book is sheer irony; the result of converging chance happenings: it collects nearly ten years of work by Cecilia and was planned as a celebration. Now it symbolizes the contained fury and the sorrow of her country's present.

It also gives an inkling of the strengths that will fight to break the New Disorder now in power.

Saborami is the third bilingual edition produced at our Press and among the first of the many real windows we will be opening to english speaking people. We hope these windows give a clearer vision of the mammoth energies that are forced to bubble just under the controlled surface of a large, great continent.

Felipe Ehrenberg
Autumn, 1973
England.

A manera de introducción:

Sabor A Mí, libro precario y peligroso, es el primer aulli
do de la conciencia creativa chilena, apareciendo a escasos
dos meses de haber sido violado el presente y el futuro
chileno.

Contienen sus hojas pardas, celebraciones y melancolías
de algo que fue y no pudo seguir siendo. Pero dejan entrever
sus páginas los preparativos para luchas venideras.

Sabor A Mí fue hecho con deshechos y deshace lo hecho.
Sus palabras e imágenes se hunden en los vellitos de un
papel usado, un papel de envolver, un papel amarillo oficina
ahora dorado por lo que contiene. Su aspecto fantasmagórico,
lo accidental en su hechura, resulta ser un reflejo del estado
de ánimos de Cecilia y de todos los que acompañamos su
dolor. Y este ánimo trasciende a todos los que acompañamos
a Chile en estos primeros días de Ley y Orden, del nuevo
desorden sistematizado.

Sabor A Mí es el tercer libro bilingüe que sale de los talleres
de esta Prensa. Subraya el hecho de que Latino-américano
puede hablar en plena libertad más que desde el exilio.

El lujo de este libro, edición limitada por fuerzas
mayores a nuestra voluntad, yace en el simple hecho de
haber sido producido.

Felipe Ehrenberg
Otoño de 1973
en Inglaterra.

este libro es para claudio bertoni y para sonia milian coca manac manac malla malli ponsto jorge ricardo cinic kiko anaito jorge n.oui, carlos ariel, miguel, leona, carmen marieta ofelia ..., sergio mondragón, ciro b. amadeo, lucía g. thummin y ..., y emilio m., y i ... y emilio m., y los demás amados ....

gracias a felipe, a yukako, de papel, a marta de fierbro ... en B.A.F.

ABOUT THE OBJECTS

In June 1973 the C.I.A. and the chilean right wing, together with the Army were openly conspiring to overthrow the Popular Unity government. I decided to make an object every day in support of the chilean revolutionary process.

After the coup d'etat and Allende's assassination the objects changed.

In the beginning I wanted to prevent the coup, now the objects intend to support armed struggle against the reactio nary government.

The objects try to kill three birds with one stone: politically, magically and aesthetically.

I conceived them as a journal. Each day is an object (a chapter) all days make a novel.

I didn't want to make it with many words since there is hardly any time left to live.

ACERCA DE LOS OBJETOS

Cuando el proceso revolucionario chileno corría peli
gro porque la agitación derechista y las maniobras de la
C.I.A. estaban alcanzando grados alarmantes, decidí hacer
todos los días un objeto para sustentar la revolución.

Cuando vino el golpe de estado y el asesinato de All
ende tuve que cambiar el sentido de mis objetos.

Aunque hacía meses el golpe se veía venir, primero
se trataba de evitarlo. Desde que sobrevino los objetos son
para que se organice la resistencia, para que se desarrolle
el ejército revolucionario, se tome el poder y el socialismo
pueda florecer en Chile, como habíamos elegido.

Los objetos tratan de matar tres pájaros de un tiro:
hacer un trabajo mágico, uno revolucionario y otro estético.

Además están concebidos como un Diario de Vida; cada
día es un objeto (un capítulo), todos los días forman una
novela.

Yo no quería agobiar a nadie con palabras, apenas ha
y tiempo para vivir, los objetos tienen solamente una leve
explicación.

24 de junio de 1973

Según los indios americanos "todo en el universo es circular". Las banderas son un objeto fetichista. Florecen porque todo brota en Chile y Cuba desde que empezó la construcción del socialismo. La estrella roja brilla al pie de la rueda para hacerla girar: comunismo al principio de los tiempos, comunismo al fin de los tiempos.

El cangrejo es un animal que se desplaza en todas las direcciones, como la revolución. La cuchara, el limón y el pescado son C. y C. alimentándose mutuamente.

El perro para la ropa sujeta la revolución(revolución dentro de la revolución). Las formas y líneas que brotan son las cosas inexplicables.

24 June 1973

CHILE & CUBA TOGETHER WILL NEVER BE DEFEATED

According to American Indians "in the universe everything is a circle."
Flags are a fetish; they flourish because C. & C. are nations in blossom since they started building socialism. The red star makes the wheel move: Communism in the beginning of time, Communism in the end of times.
The crab is the only animal who can walk in any direction (like revolution).
The spoon, the fish, the lemon are C. & C. feeding each other.
The clothes-peg is to fasten revolution (revolution within revolution).
Forms and lines coming out from flags have no explanation.

chile y cuba unidos
jamás serán vencidos

24 junio 73

15

yo le dije a claudio: "¿te has fijado lo que me gustan los
cambuchitos? Siempre ando haciendo
cambuchitos".
Y claudio dijo:"tú misma eres un cambuchito".

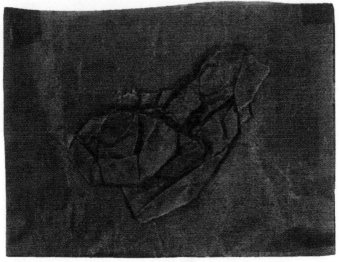

27 junio 73

I told claudio: "have you noticed how i like little bags?
I am always making them."
And claudio said: "you are a little bag."

Para seguir construyendo el socia lismo en chile
necesitamos un milagro: que se desin
tegre la CIA, que los militares no den un
golpe de estado, que se pudra la demo
cracia cristiana, que se mueran los momios.

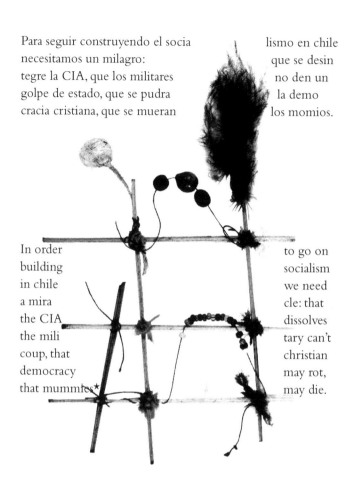

In order to go on
building socialism
in chile we need
a mira cle: that
the CIA dissolves
the mili tary can't
coup, that christian
democracy may rot,
that mummies* may die.

*mummy is a reactionary person.

una celebración de los comandos
comunales, de los cordones indus
triales, de los centros de ref
orma agraria, de los centros de
cultura popular, de las JAP, de
los CUP.

29 junio 73

a celebration of commune command
os, of industrial belt organiz
ations, of agrarian reform cent
ers, of people's cultural cente
rs.

Después del golpe frustrado
del 29 de junio las armas
están guardadas.

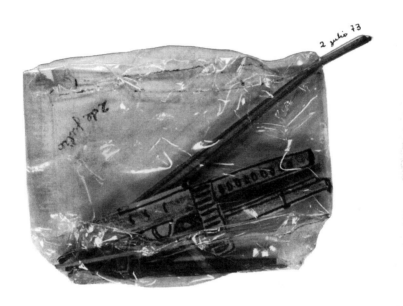

After the thwarted coup attempt
of the 29 june our weapons
are stored away.

El miedo y la incertidumbre después del intento de golpe de estado me producen un:

31 julio

Fear and uncertainty after the attempted coup form a: "knot in my heart".

"All reactionaries are alike; if you do not strike at them they will not fall. Where the broom does not sweep, the dust does not remain."
Mao

el triunfo de la Revolución

As industries are nationalized, I am nationalized.
From individual to communal property.

Así como las industrias pasan al área social, yo pasé al área
social, de la propiedad individual a la comunal.

La lucha hay que darla en el frente cultural; para conso
lidar el proceso revolucionario debemos crear un movimient
o cultural, una nueva visión de la realidad debe reemplaza
r a la antigua. necesitamos muchos activistas culturales.
todos los trabajadores de la cultura deben reunirse en un
largo congreso que dure noche y día para discutir, hablar y
pensar hasta venir a un acuerdo y crear un solo bloque; que
todos los diarios, radios, revistas, t.v., cine, teatro, pin
tura mural pongan el dedo en la llaga, actuando como un so
lo animal, un organismo de pensamiento y visión al servici
o de la revolución. Una sola organización donde todos está
n inscritos para la coordinación. ¿tú qué quieres hacer?
¿dónde lo quieres hacer? hazlo. ¿cuántos C.C.P hay? ¿cuánt
os artistas hay? uno para allá otro para acá, que ninguno
quede fuera, y así nada funciona al lote, ni la t.v. ni lo
s diarios ponen lo que se les antoja, todos somos un solo
cuerpo para destrozar el pensamiento reaccionario, la ideo
logía burguesa, el individualismo, la seriedad y la angusti
a, la manera blanca, europea, capitalista de existir.

The struggle must be waged in cultural fronts. To consoli
date the revolution we must create a cultural movement and
change people's realities. We no longer need more changes
in individual consciousness, but a change in social consci
ousness. A new vision of reality must replace the old one.
All workers of culture must gather in a long congress durin
g days and nights, until aims and agreements are reached,
creating a unified block. All papers, radio, mags, t.v., cine
ma, theatre, mural painting should point out the open sores,
acting like one single creature, like a thought machine in
the service of the revolution. One single organization coor
dinating all; how many commando communes are there? How
many artists are there? Choose where you want to work, cho
ose. Invent your task, do it! All together to destroy react
ionary ideas, bourgeoisie ideology, individualism, solemnity,
all white, european, capitalist ways of existence.

Ya no necesitamos cambio de conciencia individual, solamente, sino un cambio de conciencia social.

13 julio 73

silencio silencio silencio silencio silencio
en In the Heart of the Shopping District Cartagena — Telephone (212) 563-1480
quintero silencio en todas Cable Address: HOTELSTANF
partes silencio en chile en la
calma central Hotel Stanford el valle
central en todos 43 WEST 32nd STREET
de la na — just off Broadway
agra NEW YORK, N. Y. 10001
mía, en las ciudades
en los pueblos. es la silencio
sa calma de la creatividad
una calma elegida
"la toma del silencio"
la propagación del silencio:
la lentitud veloz de la germina
ción de un gozo nuevo, de una
dichosa hermandad

Nueva York
se pinta roja
porque se
ha construido
con la sangre
de los pueblos
explotados
por los anglo-
sajones.

"Carta de Chile".
14 de julio 1973

silence silence silence silence
silence in cartagena, silence
everywhere, is the central calm
in the central valley, the silent
calm of creativity, the swift slowness
of germination, of a new joy.
(N.Y. is painted red because
it was built with the blood of
all those peoples exploited by
the american-anglosaxons.)

26

que china, chile y cuba sean un precioso bloque solidario. I want for china, chile, cuba to be a precious block of solidarity.

25 julio 1973

Calcomanía
chilena:
el efecto
del femin
ismo revo
lucionari
o será el
nacimient
o de una
relación
distinta
entre ho
mbre y m
ujer; ni
poder
ni

28 julio 73

A decal
from chi
le:
revolution
ary feminis
m shall giv
e birth to a
different re
lationship b
etween men &
women; neither
power nor
dependence
nor oppr
ession;
the meet
ing of
two com
plete uni
verses.

dependen
cia ni
opresión:
el cruce
de dos
univers
os compl
etos.

Acción Femenina

29
julio
1973

en chile la revolución triunfa sin sangre

En
El ejército reaccionario
también hay clases sociales,
el oficial es golpista, pero
el soldado es explotado.
"CARABINERO SOLDADO EL PUEBLO
ESTA A TU LADO".
¡El ejército se tiene que divi
dir!

In the reactionary Army
there are also social classes;
the officers want to give a
coup d'etat, but the soldiers
are being exploited.
"SOLDIER THE PEOPLE ARE ON
YOUR SIDE"
The army must be split!

30 julio 73

La violencia
revolucionaria
es como
un clavo
martillado
en una hoja
de plátano
oriental:
un
movimiento
brusco
captura
lo delicado,
un haiku
o
un salto
de Tai chi.

31 julio 73

Revolutionary
violence
is a nail
hammered
on a
banana leaf.
A rough
movement
to capture
the delicate,
an haiku
or a leap
of Tai chi.

The CIA pulls the strings of the puppet (mummy), but U.P. will cut the strings. The CIA is red (blood), the mummy pink (indole nce) and Unidad Popular is green (fertile).

This is the blood
of the workers
assassinated
by the fascists of
"Fatherland &
Freedom."

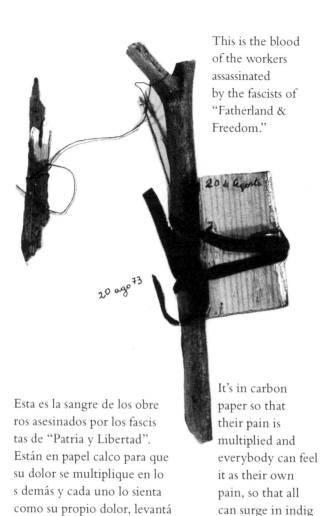

Esta es la sangre de los obre
ros asesinados por los fascis
tas de "Patria y Libertad".
Están en papel calco para que
su dolor se multiplique en lo
s demás y cada uno lo sienta
como su propio dolor, levantá
ndose así en indignación cont
ra la sedición.

It's in carbon
paper so that
their pain is
multiplied and
everybody can feel
it as their own
pain, so that all
can surge in indig
nation against se
dition.

EL TRIUNFO DE LATINOAMERICA
Latinoamérica no debe llegar a ser jamás como europa o U.S.

Chile podría ser el primer país completamente feliz del mu
ndo, la inocencia y el éxtasis neolítico reaparecerían en
una manera constantemente afectuosa de ser. El suicidio no
existiría. El socialismo tendría conciencia cósmica y sería
la suma de la sabiduría de la india americana y las demás
sabidurías del mundo. El socialismo latinoamericano daría
a luz una cultura en la que pensar con el estómago será más
revelador que pensar con el intelecto, en la que la expansi
ón de la percepción y las relaciones causaría un gozo crec
iente. Habría mucho baile mucha música mucha amistad,
una manera dichosa de existir!

THE VICTORY OF LATIN AMERICA
Latin America should never become like europe or the u.s.

Chile could be the first happy country in the world, a way
of being constantly affectionate would grow from innocence
and neolithic ecstasy (reappearing). Suicide wouldn't ex
ist. Socialism would achieve a cosmic consciousness, the
sum of the wisdom of the pre-Columbian indians and of the
many wisdoms of other places. Socialism in Latinamerica
would give birth to a culture in which "thinking with the
belly" would reveal so much more than "thinking with the
head." Thought, perception would grow with increasing joy.
There would be much dancing, much music, much friendship.
Socialism in Chile could give birth to a joyful way of li
ving!

22 de agosto 1973

los palitos del bosque o la reforestación o el control
de la contaminación por las obrerasminerascampesinas:
las trabajadoras son la vanguardia en la defensa
del equilibrio ecológico y los recursos naturales.
las industrias del área social no contaminarán
el medioambiente, no seguirán el modelo
de industrialización capitalista!

the workers are the avant-garde in defending the
ecological balance, natural resources & fighting
pollution.
nationalized mines and industries won't follow the
capitalist pattern of industrialization.

A MAO S LOS UNOS A LOS OTROS

TEXTO DEL CUADERNO CAFE

Durante 3 años (sept 1970-1973) chile fue el lugar más extraordinario de la tierra (con excepción de cuba y china). Este cuaderno es una celebración de esos 3 años o mi "lectura" de chile, un lugar para visiones.

Es un cuaderno hecho a mano con un cartón snoopy y un forro de felpa de sofá, porque así deben ser las cosas: un producto de cada caricia. un objeto muy tocado es un objeto cargado, un objeto transmisor.

Aysén

yo soy la viajera solitaria en las lajas de aysén, un lugar para esperar el "fin del mundo". no hay nadie en las sombras de Magallanes, tierra del fuego o ay zen. tan pocas personas han ido a ay zen que los huemules no arrancan de los humanos, apenas han visto 2 o 3 y no han tenido "tiempo", digamos miles de años, para decirse que estos seres son más peligrosos que los demás animales. además los huemules tienen muchas cosas que decirse y el tema de los exploradores no les ha de interesar mucho. las regiones salvajes son alimento, reducto de la poesía, nación extensa para la recuperación de la razón y los sentidos del vivir.

La parte de atrás de ay zen es necesariamente el presidente salvador allende, porque vino de allende la estupidez a salvar el país de las garras del imperialismo yanqui.

Socialismo y tierras salvajes (poesía) es lo único que nos puede salvar.

Los nombres de chile: forzosamente en tiempos antiguos, cuando yo era colonizada, mi mente estaba plagada de nombres misteriosos, venidos de áfrica y asia central, europa y oceanía. ningún nombre de chile me pululaba hasta que obtuve de pronto y en la lejanía la percepción, por eso este viaje se llama "descubrimiento de chile y la región antártica chilena". quién puede decirme algo de puchuncaví? esa región virgen en el pensamiento, el cine y la poesía. virgen porque nadie la mira, pinta, huele o toca, excepto claro sus habitantes entre los que habrá silenciosas visionarias que no se mueven por nada de ese sol. calmados algarroberos, cómo acariciaría conchalí, yéndome todos los días en bicicleta, el cerro o desde la cascada, la curva y los almendros, rocas peladas, las nubes del valle más allá. petorca y chincolco, pichí y chaulinec, todo está por pensarse, por Ser-se en llico de mataquito, en nirivilo y toltén.

Todas éstas son joyas apoyadas en las empanadas de violeta parra, que son como sus tapices, poemas y canciones, ali mento para los demás. violeta tiene en la espalda la estampilla del mes mundial del corazón porque solamente cuando haya más corazones del orden del de violeta se establecerá la salud.

Este objeto bien podría ser un retrato porque es una carta de sonia jara, amada amiga junto con carmen, coca, ani, olivia, bárbara, teresa.

La población araucana está calculada . . . . . .
no. no está calculada.
los gérmenes indios van a brotar. los araucanos se van a levantar. están esperando para empezar a conquistar su propia manera de existir, iluminando así a los demás. los araucanos son los grandes reveladores así como los aymaras, los chilotes y los demás.

El alfiler de gancho es una institución nacional.
no hay mujer y a veces hombre que no tenga prendidos unos dos o tres.
es un sustituto práctico del botón, la amarrita o el cinturón.

Si se detiene en la calle a todos los transeúntes y no se los libera hasta que todos muestren un alfiler de gancho, se verá que más de la mitad de la población escapa a la detención, tan difundido está en chile el uso del alfiler de gancho, si no es en los calzones será en la cartera, pero en alguna parte están.

En la parte alta del toltén algunos arbustos se han quemado. son las plantas que los indios usan para comunicarse con dios. palos totémicos marcan el lugar sagrado donde los espíritus vienen a conversar con los humanos. las piedras asoleadas del primer plano reciben lagartos y los manzanos chuecos detrás de la escultura son los troncos que se han librado del afán embellecedor humano. no se han vuelto escultura porque ya son. todo en el lugar es objeto de culto, el cielo, las ramas, el pasto seco, cada una de las hojas de la flora amada, boldos, quillayes, maquis, arrayanes.

Las estampillas chilenas son las más feas del mundo, pero al menos celebran la nacionalización del cobre.

Sonia tiene en la espalda al guerrillero manuel rodríguez, héroe de la independencia, maestro para todas las revoluciones.

Los indios dejan de ser indios y abandonan los poblados del altiplano, los burros y el desierto. pero yo me voy a volver india y voy a tomar las casas y los burros y me voy a ir al desierto. varios harán igual. los cerros de atrás, sagrados y pelados, empezarán a hablar.
todas las roquitas que están repartidas en el primer plano se las vamos a tirar por la cabeza a los que nos vengan a molestar.

La hoja con cierre eclair viene de una vez en que yo tenía un proyecto de hacer una mesa con cierre eclair, un tajo al medio por donde se pudiera echar cualquier porquería, pero la idea fracasó. un libro con cierre eclair es para meter en él alguna cosa secreta o formas de pensamiento difíciles de consignar o un lenguaje desconocido. tam bién cuando chica yo quería tener un estómago con cierre eclair para echarme ahí la comida y evitarme la lata de comer. lo pasaba tan bien que no tenía tiempo para comer. jugar y jugar era mi único interés. jugar sigue siendo mi único interés.

Los petroglifos de atacama o las pinturas rupestres del norte grande son un lenguaje abandonado, esperando el naci miento de lo que tiene que nacer para que los hijos de una nueva manera de existir vengan en ellos a leer. algunos caminantes del desierto, en vez de llevar libros, van a ir de piedra en piedra leyendo los petroglifos. no hace falta una hermenéutica para leerlos, sino más bien un hoyo en el corazón.

Una segunda parte de los petroglifos de atacama:
el primero es un gato montés con lengua de culebra? un jaguar traído del amazonas? el segundo es un mapa? un diagrama para representar un espíritu? el cuerpo de un ciervo de tres cachos? el centro de habitación en una región circular? un retrato del chamán de la tribu?
a piedra de más abajo ha sido robada de su lugar natural y está en un museo. representa un sol, un gusano gordo, una culebra de zigzag o una llama aplastada.

Del segundo cuaderno (azul) no hay fotos, incluye lo que no sé cómo pensar. en el cielo azul del vacío existe el desorden del cosmos, las páginas están desorganizadas, son una nebulosa en la que no hay un "orden", sino nada más presencias.

La página número 1 no queda delante, sino en cualquier parte.

Quién es un campesino araucano parado junto a una vaca? (es un buey) en el cielo color marengo y el piso celeste. esta transformación me la sugiere la casa que efectivamente es: color de tierra arriba, color de cielo abajo. el mundo al revés. quién es este hombre oscuro? no digo cómo se llama ni de dónde viene, sino qué ha venido a hacer sobre la tierra? qué han querido los astros (dioses) decir con él? porque ciertamente hay un lenguaje, algo que se está diciendo y que seguramente ni él mismo sabe, ni yo sé, pero la revolución me llevará a saber porque desencadenará en mí otras maneras de VER más allá de los términos de "la liberación del y la oprimida" o de la reconquista de sí misma por la india.

Las cercanías del río limarí, necesitan alguna explicación?
los cactus quizá contengan algún alucinógeno.
por delante es el presente, por atrás el pasado.

(LA REUNION DE LAS FOTOS FUE ESTRICTAMENTE CASUAL. EL AZAR REVELA EL VERDADERO FUNCIONAMIENTO DEL SOCIALISMO: UNA COMBINACION PARA LA DICHA)

londres, junio de 1973

TEXT OF THE BROWN BOOK

During 3 years (1970– 1973) chile was the most extraordinary place on earth (with the possible exception of cuba & china). this notebook is to celebrate these three years, it is my way of reading chile and it was done in june 1973.

it is hand made with cardboard and velvet. everything should be the result of a caress. a touched object is a charged object.

Aysén is Ay zen.

I am the lonely traveller in Tierra del Fuego (a place to wait for the end of the world). so few people have come to ay zen that animals don't run away from them. wild landscapes are the domain of poetry, an extended nation for the recovery of senses.

Ay zen's back is necessarily SALVADOR : the one who saves

ALLENDE : beyond

because he came beyond stupidity to save chile from the claws of the U.S. imperialism. socialism and wild lands are the only things that can save us.

The names of chile: in old times when I was colonized my mind was plagued with mysterious names coming from africa, asia, europe. none of the chilean names were in my head until I discovered chile on this trip. who could talk to me about puchuncaví? a virgin land in thought, film and poetry because nobody ever documented or touched it, except for the silent inhabitants, quiet visionaries who won't leave that sun. petorca & chincolco, pichí y chaulinec, everything is to be thought at llico de mataquito, nirivilo and toltén, all of them jewels resting upon vio leta parra's bread, which are like her tapestries, songs and poems, food for the rest.

The indian population has been calculated...... No, it has not been calculated. the indians are only waiting to germinate, to conquer their own way of life. the indian people will rise, enlightening thus the rest of the people. The safety pins are a national institution. every man and woman carries one or three. it is a practical substitute for belts, buttons and strings.

Toltén: these are the plants indians use to communicate with god. totemic poles mark the sacred place where spir its come to talk to people. the sunny stones in the foreground receive lizards and apples. the trees have not suf fered human alterations, they already are sculptures. everything here is part of the cult: the sky, the grass, the flora: boldo, quillay, maqui, arrayán.

Chilean stamps are the ugliest in the world but at least they celebrate the nationalization of copper mines.

Some indians leave their place in the high plains, their donkeys and deserts, but I will become an indian and will take the houses, the donkeys and will take myself to the desert. the sacred bold backhills will start talking and we will cast stones at those wishing to bother us.

The page with zipper is to keep something secret, like difficult forms of thought or unknown languages. as a child I wanted to have a zipper in my stomach to put in the food. I had no time for eating, was too busy playing. now I am still only interested in playing.

The neolithic rock paintings of atacama are a forgotten language waiting for wanderers to be born and come and read into them.

you don't need interpretations, all you need is a hole in your hearts.

The second painting is a map, the diagram of a spirit, a portrait of the tribe's shaman, a center for thought or dwell ing place in a circle?

The stone at the bottom has been stolen from its natural place and lies in a museum, it is a slug, a snake, a sun or a flat llama.

Aysén

HOJAS DEL CAFE
CUADERNO BOOK
BROWN BOOK

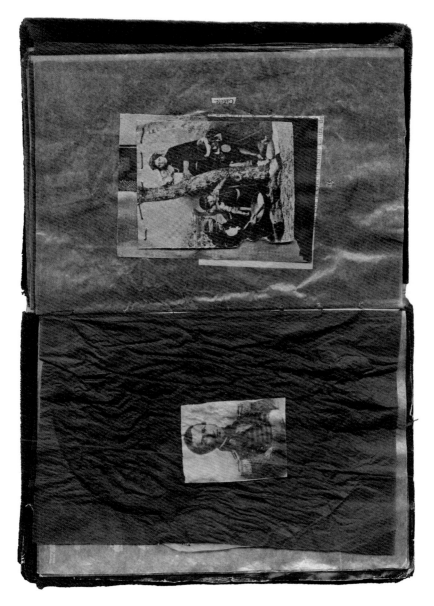

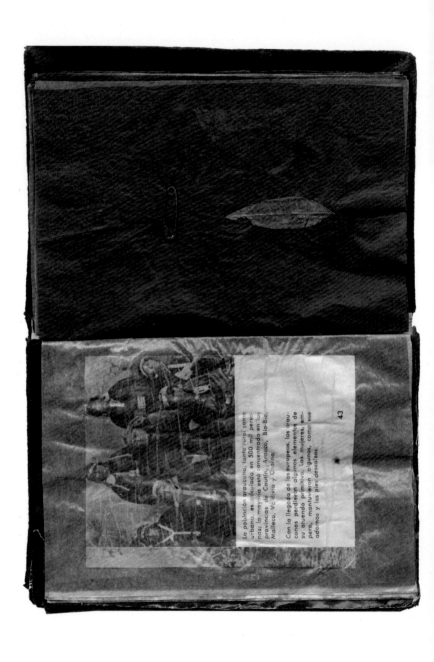

La población araucana, tanto rural como urbana, es calculada en 500 mil personas; la mayoría está concentrada en las provincias del Cautín, Arauco, Bío-Bío, Malleco, Valdivia y Osorno.

Con la llegada de los europeos, los araucanos perdieron algunos elementos de su atuendo primitivo. Las mujeres, empero, mantuvieron algunas, como sus adornos y los pies descalzos.

43

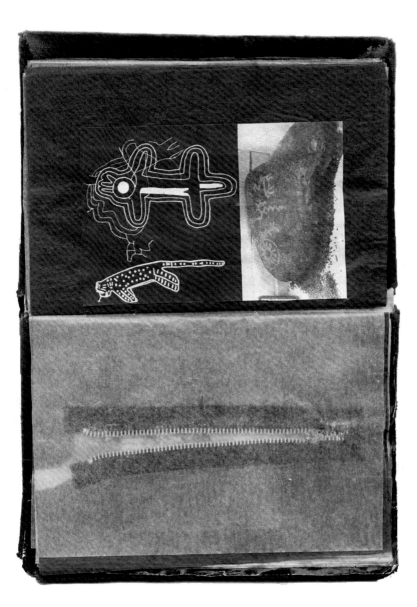

The second notebook includes what I don't know how to think.

Blue. I have no photographs of it. In the void there seems to be no order, only presences. Page n° 1 is not in front, but anywhere.

Who is the mapuche indian standing by the cow? (or is it an ox?) the sky is dark, the ground is light blue. Earth colour up, sky colour down. Who is this dark man? I don't mean his name, but what is he here on earth for?

What have the stars (gods?) meant with him?

Because certainly there is a language, something is being said and he doesn't know it? Nor do I, but the revolution will let me know, leading me to SEE beyond terms like "freedom for the oppressed" or "the indian conquest of herself."

The shores of the Limari river, do they need any explanation?

The cactus may contain an hallucinant.

The photographs were gathered at random. Chance reveals the real functioning of socialism:

a combination
of joys.

London, june
1973.

55

OTOÑO

en junio de 1971 llené de hojas de árboles
una sala del museo nacional de bellas artes (sa
ntiago) en colaboración con nemesio antúnez y
claudio bertoni.

ésta pieza fue un acto de contribución
al socialismo en chile.

DIARIO

otoño 1969
mi idea número uno fue preservar las
hojas de los árboles, antes de que las barrieran
o quemaran, no por un afán de eternización sino
como un acto descabellado. lo que más me gustó
de mi idea fue la recolección misma de las hojas
que resultó una ocupación en extremo agradable y
contemplativa. la lentitud de los gestos de la
recolección y la falta de euforia le daban su ca
rácter central.
            ver las hojas dentro de las bolsa
s que primero inventé me daba un intenso placer,
porque nunca antes vi una cosa así y porque se
veían tan bien. así varios millones de años des
pués de la creación de la bolsa plástica decidí
guardar el otoño dentro de una bolsa.
            cuando claudio llegó me ayudó a recoger
más hojas. mi prima menor y mi hermano segundo
a su vez fueron conmigo a recoger hojas a una ca
lle. a varios amigos les escribí contándoles la
creación de lo que yo llamé "mi mejor escultura"
que a su vez tenía el mejor nombre:
                        OTOÑO

OTOÑO 1971

25 mayo

claudio me dice si me acuerdo de la escultura que yo había inventado en el otoño del 69, le digo que sí, me dice que quiere hacer una exposición de bolsas de hojas, quizás una sola bolsa gigantesca.

26 mayo

le hago esta proposición a nemesio antúnez, quien de inmediato acepta.

otros días

esperamos que nemesio nos avise.

2 junio

nemesio decide darnos la "sala forestal" del museo nacional de bellas artes, me hace una carta para el señor administrador del parque, quien me promete reunir y guar dar para mí todas las hojas del parque forestal. nemesio redacta junto con silvia celis una tarjeta llamando "salón de otoño" a la pieza, además inventa algo de unas medallas porque le da mucha risa y así va a sorprender a muchos viejitos según él. nemesio también quiere que las hojas estén desparramadas por el suelo en vez de quedar dentro de bolsas.

3 junio

no me acuerdo.

4 junio

tampoco me acuerdo.

5 junio

mi hermano ricardo y yo recogemos 5 bolsas de hojas en una calle, ricardo pierde el anillo.

6 junio

claudio en expedición a una avenida central compra un número de 15 bolsas plásticas.

7 junio

claudio en expedición al museo encuentra que el señor administrador del parque no nos ha juntado todas las hojas del parque, sino lo que él llamó 27 hojas. para ir a visitarlo jorge y yo paramos en el camino y recogemos una bolsa de hojas.

8 junio

claudio y marcelo salen a recoger hojas. llenan 9 bolsas. claudio pierde el anillo. marcelo se niega a tomar fotos. mi madre se pone un pañuelo naranja en la cabeza y yo uno rojo. recogemos 4 bolsas de hojas en una calle. más tarde ella y yo depositamos 13 bolsas en la sala forestal con la ayuda de un caballero de ojos azules. hora de la tarde: nemesio me dice que la exposición no se puede hacer el día 9 porque hay duelo nacional. mataron a un ex ministro. el otoño se aplaza para el día 12.

9 junio

claudio amaneció enfermo de tanto recoger hojas. el señor administrador del parque forestal me lleva donde su compañero de la quinta normal. los camiones de un parque se van a hacer amigos de los camiones del parque segundo.

varios días

recojo muchas bolsas de hojas.
las voy llevando al museo.

12 junio

los 3 camiones que vienen de la quinta normal llenos de hojas descargan en la puerta del museo. mi madre y mis amigos me ayudan a empujar las hojas dentro del museo, con el cuerpo, con unos palos largos sumergiéndonos y rodando con las hojas. nos tapamos la cabeza con unos trapos para que no nos entre mugre a los ojos. nos demoramos todo el día. logramos meterlas en la sala una hora antes de que lleguen los amigos. cuando aparecen, la sala parece un mar café de puras hojas. en la entrada miden un metro, hacia el fondo la profundidad disminuye hasta 10 cm. al medio hay 25 bolsas nylon tamaño abrigo y 2 bolsas tamaño colchón llenas de hojas.

todos se ríen mucho, leen los textos que están al fondo y comen torta de milhojas. la sala dura 3 días, viene poca gente porque es otoño y llueve. no hay fotos ni documentos.

14 junio
nemesio habla en la radio de mis hojas, la llama "una obra conceptual", así escucho por primera vez acerca del arte conceptual.

éstos son lo textos que iban con las hojas:

para explicarla al público yo diría que esta escultura es más que nada una obra "interior" porque lo rico está en la concepción y la experiencia de quien la ejecuta, más que en la escultura misma aunque también.

es lo que se llama vivir la escultura o hacer una escultura viviente porque sinceramente la escultura soy yo. por esto se trata de una experiencia tan interesante y benéfica para el público: cada uno puede hacer su propia escultura y así la frase arreglada de lautreamont se verá feliz.

el arte debe ser hecho por todos.

de porqué la obra es más que nada interior y usa un material perecible como hojas de árboles:

antes que nada ésta obra no tiene preocupaciones con respecto del futuro. existe solo para el presente, para un instante. el absoluto gozo de ése instante no se perpetúa, perpetuándolo ése gozo se termina.

esta preocupación por el Aquí y Ahora no se expresa en una obra dura, porque entonces sería una preocupación por el Aquí y Ahora y un Poco Después.

esta es casi una obra de arte de los ojos para dentro porque bolsas nylon y hojas hay en todas partes. lo que las hace "obra" está en mi cabeza. éste estar en la cabeza es lo más precioso que tiene el arte. una persona que lo tiene nunca se puede sentir demasiado mal, "ve" en todas partes, percibe de otro modo y encuentra "obras" en todas partes, en los semáforos en los dibujos del asfalto, en las manchas de las paredes y así ésta persona se sentirá constantemente impulsada a crear y sintiéndose parte de una energía mayor encontrará más gozo en todo lo que haga.

políticamente esa persona será más dada a crear y luchar por un mundo donde sus hermanas-os gocen como ella.

la pieza otoño quiere causar placer al público. esta sala está destinada a causar placer al público. el arte nació para jugar y aunque muchos se han olvidado está bueno que ahora se acuerden.

las personas viendo que alguien se ocupó de recoger tantas hojas pensarán que me interesan mucho y ellas a su vez pensarán que jamás pusieron atención a las hojas ni al otoño, y así pasarán su vida sin poner atención a nada. cuando van en el bus piensan en bajarse del bus y así sucesi vamente. no viven en el presente, no conocen gozo y cómo a cada una le tocan apenas 70 años y la mayoría de la gente que viene aquí tiene entre 15 y 50 años a unos les quedan apenas 20. así es que vayan tomando nota.

la conciencia de la propia muerte las podría volver revo lucionarias, la mujer-hombre-nueva-o es la-el que tiene una nueva visión del tiempo; sabe que no lo puede malgastar y

tratará de mil modos de transformar su mente, sus relaciones,
de precipitar la revolución, porque no hay derecho que vi
viendo todos tan pocos años haya que sufrir.

una obra dedicada al gozo no es una obra apolítica,
porque quiere hacer sentir la urgencia del presente, que es la
urgencia de la revolución.

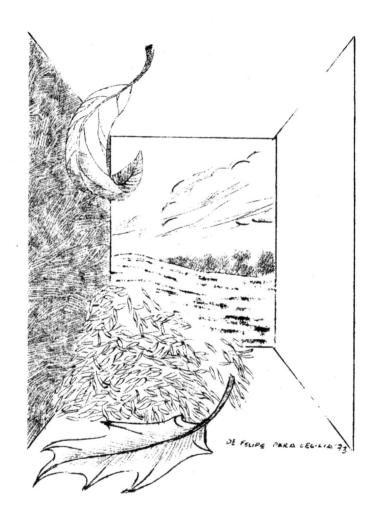

DE FELIPE PARA CECILIA 73

AUTUMN

in june 1971 i filled with autumn leaves
a room at the national fine arts museum in sant
iago, in collaboration with claudio bertoni and
nemesio antúnez.

this piece was conceived as a contributio
n to socialism in chile.

JOURNAL

autumn 1969

my first idea was to preserve autumn leaves before
someone swept them away or burnt them. not to make
them last, but as an act of folly. what i liked best of
my idea was the collection itself. it was an extremely
agreeable, soft and contemplative job.

it gave me an intense pleasure to see the leaves inside
the bags because i had never seen such a thing, and because
they looked so good.

a million years after the invention of leaves and a few
years after the creation of plastic bags i decided to keep
autumn in a bag, then in many bags.

when claudio came he helped me collect more leaves,
my younger brother and my cousin also went with me to
pick leaves in a nearby street.

i wrote letters to many of my friends telling them
about what i called my best sculpture which also had the
best name:
AUTUMN

AUTUMN (1971)

25 may
    claudio asked me: do you remember your
1969 sculpture "autumn"? i said yes. he said: why
don't we turn it into a big bag full of leaves?

26 may
    i visit nemesio antúnez at the national fi
ne arts museum to ask him if he would let me do
it. he said yes.

2 june
    nemesio gives me the "forest room" of the
museum, and a letter to the gardener of the park as
king him to gather leaves for me. nemesio writes a card,
he and silvia celis laugh. he also suggests scattering the
leaves on the floor instead of keeping them in bags.

3 june
    i don't remember.
4 june
    i don't remember.
5 june
    my brother ricardo and i pick up 5 bags of leaves, he
loses his ring.

6 june
    claudio buys in a big street 15 plastic bags.

7 june
    claudio finds that the gardener has not gathered many
leaves for us, only 27.

    my brother jorge and i pick up one bag of leaves.

8 june

claudio and marcelo go out to pick leaves. claudio loses
his ring. my mother and i pick up more leaves. nemesio
tells me we can't open the exhibition on the 9 since an ex
minister has been killed and there is national mourning. we
reschedule autumn for the 12.

9 june

claudio is sick in bed. the gardener from one park takes
me to visit his friend, the gardener of another park; they will
help me gather leaves.

many days

i keep on gathering leaves and bringing them into the
museum.

12 june

3 lorries loaded with leaves coming from the second park
unload at the museum door. together with my mother and
some friends we push them into the museum. it takes us all
day to do it and we have to cover ourselves with sheer cloth
to protect our eyes while swimming in the leaves. we push
with our bodies, with long sticks, with whatever we find.
finally the room is filled with leaves one hour before the
opening. when the rest of my friends arrive it looks like an
ocean of leaves a meter deep at the entrance gently sloping
down to 10 cm deep. there are also 25 plastic bags (cloth
size) and 2 (mattress size) full of leaves. people laugh very
much. there are no photographs and no documents of this
piece.

14 june

nemesio broadcasts a radio program on my leaves, he calls
it "a conceptual piece." this is how i first heard of concep
tual art.

these are the texts that went with the piece:

to explain this piece to the public i should say that this is an interior piece rather than exterior one, because its conception and the experience of doing it counts more than the sculpture itself.

this is what i call to live the sculpture, everybody could do their own sculptures.

look at this phrase by lautreamont, rearranged:

art should be done by everyone.

this piece has no concern for the future. it evolves within the present, the absolute joy of an instant can't be perpetuated, any attempt to do so will kill this joy, that's why i used such perishable things as autumn leaves.

the concern for Here and Now cannot be expressed in a lasting piece because then it would be a concern for the Here and Now and A Little Bit later. it is also a "within" piece because bags and leaves are everywhere, it is the perception of them what changes them into pieces of art.

this being inside the head is the most precious thing about art. a person perceiving like that can never feel too bad, "seeing" everything in a different way, even traffic lights or patterns etched on the road. seeing in this way a person could feel impelled to do creative work, might feel part of greater energies moving in space; perceiving like that a person would enjoy everything in a deeper way.

politically people could find it more and more necessary to create and fight for a world where everybody could get turned on by reality.

this room wants to give joy.

art was born for playing and though people may have forgotten, it is time that they remember. joy is a necessity. working on my autumn piece i experienced joy. working on my joy i experienced autumn.

seeing so many leaves people will think i am deeply interested in leaves. they in turn might think they didn't pay enough attention to autumn or to leaves.

whenever doing one thing they are thinking on the next thing to do. knowing no concentration they know no joy.

everybody has only 70 years to live (more or less). most of the people coming to see the piece are between 15 and 50 years old; some have only 45 years left, some only 20. keep this in mind. people aware of their own death are more likely to become revolutionaries.

the "new being" is one who has a new perception of time and knows it can't be wasted. the new being will work to accelerate revolution, to metamorphose her mind and relationships, because it doesn't make sense to suffer having such a short time to live.

joy could make people aware of the need to fight for joy. the urgency of the present is the urgency for revolution.

EXPLICACION ACERCA DE LOS CUADROS

Considero a mis cuadros una artesanía ritual, objetos que existen independientemente de la "historia del arte", como si esa historia se hubiera muerto o nunca hubiera existido.

Necesito que en mis cuadros todo sea irritante, molesto, perturbador, porque brotan de un estado de conmoción en el que las imágenes se forman constantemente, como hélices que todo lo rasgan para salir. Qué son esas imágenes? las trato de capturar conversando, escribiendo, pintando o haciendo alguna cosa conceptual, para que me sirvan como vehículo espacial, para que me conduzcan a un nivel de gozo y revelación. Esas formas vienen de un lugar concreto y van a otro lugar igualmente concreto, son vehículos de espacio interior y exterior.

Cuando pinto, la certeza de estar en un centro es tan intensa que la parte inferior del cerebro me duele. Estoy en un corazón, en carne viva, y necesito que mi cuadro pro voque y <u>sea</u> la piel viva.

Hay una forma a la que me acerco lentamente, cuadro por cuadro.

Para encontrar esa forma necesito un abrelatas y después un hilo para unir los cabos sueltos y crear una red de pensa miento, una telaraña que es un cosmos particular para uso de la pensadora. Siempre el pensamiento funciona creando diagramas, mandalas en los que cada punto es "un punto de relación" para moverse en lo ilimitado, un hito en el cosmos para desplazarse y jugar estableciendo ciertas "verdades" arbitrariamente elegidas para construir sistemas o estructuras (tejidos). Así se consigue la ilusión de orden o tiempo, o la ilusión de inmovilidad dentro del movimiento.

Buscando la forma en los cuadros, no puedo evitar encontrar otras formas, concebir edificios para establecer un tipo de sociedad, porque cualquier búsqueda, cualquier investigación que no está asociada a la búsqueda de una manera de vivir, es una búsqueda castrada, una ocupación apolítica que a nadie puede servir, o que sirve para mantener las estructuras que hoy están, estructuras que han sido establecidas, inventadas para servir a unos pocos y explotar y destruir a los demás. Ahora los puntos para levantar estructuras no serán creados para conseguir provecho, poder o riquezas, sino que serán levantadas considerando:

-La entrada y salida del aire en los pulmones

-La entrada y salida de la comida

-La entrada del semen y la salida en forma de guagua.

Esta es la telaraña elemental, la única que le gusta al planeta, la única con derecho a imponerse sobre las demás porque puede llamarse sabia.

Yo tomo el establecimiento de esa estructura como una analogía del establecimiento de una forma en mis cuadros. La búsqueda de esa forma para la sociedad es más fácil, porque obviamente será la desaparición de la propiedad privada, la reaparición de la propiedad común, la creación de comunidades autosuficientes. Pero así como es más fácil buscarla, es más difícil hacerla, al revés en los cuadros; difícil de encontrar, fácil de hacer.

El hallazgo del paraíso coincidirá con el hallazgo de un lenguaje.

Los cuadros no pueden ser verdaderamente
explicados ni Antes (todavía no se sabe)
ni Durante (la exaltación impide anotar)
ni Después (porque ya se murió).
El destino de los cuadros brotados de la
oscuridad es permanecer en la oscuridad.

Mayo 1973

PAIN THINGS &   EXPLANATIONS
pain tings   &   ex

The real explanations of my paintings are lost in Santiago.

I regard my act of painting as a ritual. Any objects that this
activity produces exist beyond art history, as if art history was
already dead or it would have never existed.
In my paintings I need every form to irritate, disgust or
disturb. They issue from a convulsed state in which images,
helix forms moving as propellers, force their way out.
What are those images I yearn to capture in a poem, a pain
ting, a conversation or a concept thing? I want to use them
as vehicles to move from inner into outer space & from
outer into inner space, because they can lead me to a state of
joy & revelation. These forms come from a specific place &
they go to another equally specific place.

When I paint the certainty of being in a centre is so
deep that it makes the back of my head ache. I am within a
raw flesh heart and need my painting to provoke and be the
raw flesh itself.

I am slowly getting closer to form. To find it I need an
opener and then a needle to join the loose ends into a struc
ture that is not only a diagram, a spider web in the cosmos
or a mandala but a particular universe to be used by the
thinker. It could be said that thought functions by creating
diagrams in which each point is used only as a reference for
movement within the unlimited. The thinker pretends that
these references are fixed so that he can establish certain
particularities as unalterable truths, arbitrarily chosen. Thus
immovability within movement is created and along with it
the Illusion of Order and Time.

In thinking of the form for which I am looking I can't
help but find other forms for things outside my paintings,
for any search must associate and connect with the search

for a social way. If not it is a castrated search, an apolitical occupation good for nothing, or good to help maintain the present structures which have been established for the ben efit of the few and the destruction of the rest.

But now these structures must be established taking into consideration facts other than profit or power. It will be possible to simplify these facts to these three categories:

-The way in & out of air in the lungs

-The way in & out of the food

-The way in of the semen and the way out in the shape of a child.

This is the elemental spider-web. The only structure loved by the planet, the only one that has a right to be sus tained upon the others because it can be called wise or good for life.

The search for a structure in society is analogous to the search I undertake for form in my works. The social form is easier to find, it's obviously socialism, self sufficient commun ities, but is harder to do it. The form I search for is harder to find, but easier to do.

> The finding of paradise will coincide
> with the finding of a language.

> (paintings coming out of darkness go back to darkness.
> automatic images issue from "regiones esquivas," evading
> regions, and right after exposure, like dreams, they return
> to their burrows in inaccessible places.
> all my work comes from stupidity and nausea. paintings
> coming from these feelings seem to change and establish
> an appearance and dialogue unique to the observer; just
> as the fairy tale mirrors).

May 1973

hilito y finadita, 1969

"El anhelo indomeñable de llegar a la ciudad tibetana de lo estelar donde el hombre conversa con el búfalo blanco". Lezama Lima, 1969

autorretrato con cutufas. selfportrait with humps, 1970.

leopardo hermanable. friendly snow leopard, 1970

EXPLICACION DE "PANTERA NEGRA Y YO"

Yo siempre pintaba retratos de claudio hasta que un día me rebelé, y decidí hacer mi propio autorretrato, pero el pelo me quedó muy grande a un lado. Para equilibrarlo tuve que ponerle otras dos personas chiquititas que mi hermano ricardo interpretó como "mis otros yo", unas personitas que se dedican a satisfacer todos mis deseos.

En la mano tengo una píldora anticonceptiva, un objeto muy odiado por mí, que tomo con una mezcla de furia y resignación porque sé que hace mal y que perfectamente podrían haber inventado algo mejor, si les interesara.

El parque en que me encuentro es uno muy deseado por mí. La escalera conduce a otras dimensiones, el árbol de la izquierda pertenece a "la casa del poeta", un antiguo dibujo mío, las tres plantitas forman parte de mi plantación de Cannabis Sativa, los árboles del fondo son cipreses italianos, árboles de mis ancestros. El árbol de pelotitas crece en Bangkok, donde tuve una encarnación de acuerdo a un poema viejo.

La pantera negra representa al amado partido de nueva york y se dispone a asaltarme. Yo espero gustosa cualquiera de sus ataques, porque se trata de un amigo mío.

Diciembre 1970

sueño: los indios matan al papa, marzo 1971
dream: the indians kill the pope, march 1971

carlos marx, marzo 1972

lenin, junio 1972

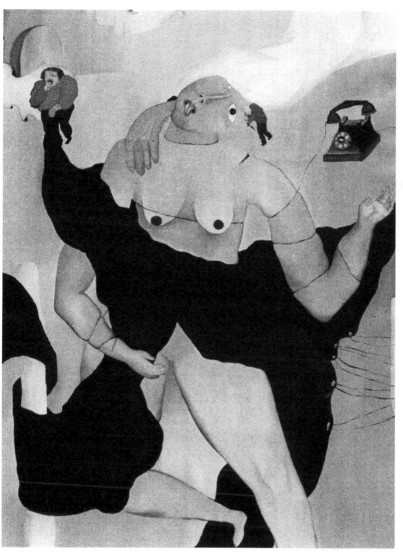

calva amaranto, sept 1972, magenta bald

FIDEL Y ALLENDE

Cuando Fidel vino a Chile en 1971 la gente estaba tan feliz
que en las calles se armó una fiesta. Para celebrar este encuen
tro que me pareció el más augural de la historia del sur decidí
pintarlo. Hice que una mariposa se parara en la mano de
Allende y que ellos formaran con sus cuerpos y el avión un
triángulo cabeza abajo que es una figura mágica para que
conserven el poder tanto tiempo como sea necesario.
Fidel está vestido con el traje dorado de los héroes y Allende
está envuelto en el velo de los que pasan a la historia. Allende
no está completamente vestido porque su ropa la constituye
el apoyo de todo el pueblo, y en Chile todavía quedan algu
nos idiotas que no lo apoyan. A Fidel le pinté una pierna des
nuda para señalar que su belleza no es sólo histórica o física,
Fidel es bello porque es un "Hombre Nuevo". Están rodea
dos de flores porque ellos son el florecimiento de una nueva
manera de existir, una dicha para Latinoamérica.

When Fidel came to Chile in the spring of 1971 people were
so excited that a carnival spirit grew up spontaneously in the
streets. To celebrate this encounter which seemed to me the
most augural in Latinamerican history, I painted this day: the
butterfly mistakes Allende for a flower. Allende, Fidel and the
plane form with their bodies an inverted triangle, a magical
figure to help them keep the power for as long as is needed.
Fidel dresses in the golden suit of a hero. Allende is wrapped
with the charismatic veil that descends on all historic char
acters. His clothes are made out of the support of the people
and there remain in Chile some stupid people who do not
support him, which is why he is not fully dressed. I've painted
Fidel with a naked leg to state that his beauty lies in the
fact that he is a complete being, a "New Man," existing and
thinking totally. They are surrounded by flowers because they
represent the flourishing of a new life in Latinamerica, benef
icent and graceful for millions of people.

ALMAGRIA

"Recordemos la importancia ritual de ciertos menesteres
femeninos que se enseñan a las neófitas durante el período
de reclusión, y en primer lugar el hilado y la tejeduría
cuyo simbolismo desempeña un papel esencial en numer
osas cosmogonías. Es la luna quien hila el Tiempo, es ella
quien "teje" las existencias humanas y las diosas del destino
son hilanderas. Creación o recreación del mundo, hilado
del Tiempo y el Destino por una parte, trabajo nocturno,
trabajo femenino . . . . . ."

Mircea Eliade

Pinté este cuadro en noviembre de 1971; se perdió en una
estación de buses en Los Angeles en 1972 y esta explicación
se demoró dos años. Al pintarlo yo estaba siguiendo un
dictado automático, una necesidad muy intensa me hacía
elegir cada una de las cosas del cuadro, inconscientemente yo
sabía más que conscientemente. En 1973 pensé que yo había
representado el sufrimiento de la tejedora dividiendo su vida
arbitrariamente en tres partes (perdónenme lo esquemático,
la claridad no hace más que distorsionar la realidad):

   -El Pasado: es el jardín que se ve detrás del muro, un
tiempo dichoso a los 6 años de edad en que Almagria mane
jaba los hilos porque comprendía su urdimbre, su naturaleza
se manifestaba límpida y armoniosamente, Almagria escuch
aba sus propias visiones.

   -El Presente: es un pasadizo entre el jardín y el patio
amarillo, un tiempo en que Almagria ha perdido todas sus
certezas, un huequito en el muro que empieza a los 13 años
cuando perdió el hilo que la comunicaba con el cosmos.
Desde que lo pierde no sabe qué hacer, la confusión no la
deja distinguir su propia naturaleza, oír-se. Sabiendo lo que
ha perdido se culpa a sí misma y vuelve su energía contra
sí hasta perder todo el pelo. Va corriendo un poco desnuda
para salir de ese estado, recuperando el hilo que perdió.

-El Futuro: es el patio amarillo más acá del muro, em pieza en cualquier momento o ¿a los 26 años de edad? y es un terreno donde hay un pavo real y un viejo taoísta, que representan los dos tipos de vida que ella puede elegir. (el tejido está botado por ahí)

Si no recupera el tejido ella podría vivir como el pavo real, aceptando el rol designado para los artistas en la socie dad capitalista: hacer y participar en exposiciones, revistas, libros, etc., en otras palabras, escalar posiciones dentro de estructuras perfectamente establecidas, llenando el molde esperado, convirtiéndose en un ser impotente como todos los demás en ese tipo de sociedad.

Si recupera el hilo, Almagria volvería activo su inconsci ente, descubriendo el funcionamiento secreto de la realidad, siguiendo por fin su naturaleza, trabajaría fuera de los canales regulares o en contra de esos canales, recuperaría su gozo, su visión y ya no sería Almagria, sino Perturbatriz.

El pavo real no quiere ser un símbolo, sino un animal. Se rasca la cabeza para sacarse el hilo y existir como simple pavo y no como representación de ideas macabras.

El viejo taoísta (puer-senex, viejo–niño) en realidad es ella misma cuando vieja, se ríe todo el día, no cultiva deseos ni sufrimientos, está botada en el suelo, sujeta el hilo y le da lo mismo estar dentro o fuera del jardín paradisíaco porque al fin y al cabo en todas partes es igual.

ANGELES

Para Milton.

"La unión es una continuidad maravillosa que es
perceptible en la medida en que es inaccesible, en
que es búsqueda en la impotencia y el temblor".
"Solo la violencia y la perturbación sin nombre que
le está unida pueden representar la violación del ser
constituido que se lleva a cabo en el tránsito de un
estado a otro esencialmente distinto".

Georges Bataille

Dos seres se encontraban disfrazados de humanos, porque en
verdad eran ángeles, pero esta naturaleza profunda solamente
brotó cuando se encontraron en el desierto de Atacama.

Sufren un intenso gozo, entre ellos todo es imposible,
pertenecen a mundos humanos y tienen compañeros pose
sivos que les impiden llevar la vida para la que ellos han
nacido. Mientras dure esta situación no tienen sexo porque
les ha sido prohibido tenerlo y no pueden mostrar que uno
es femenino y el otro masculino, deben tratarse nada más
como seres o hermanos. Además los ángeles no tienen sexo
(?), son seres totales, mitad hombre, mitad mujer.

El teléfono representa la unión con el mundo humano
que aún no han abandonado, o el fragmento de "culpa" (un
objeto de las sombras).

El paisaje ha sido trastocado; cielos esmeralda iluminan
el acantilado violeta, las alas vegetales son hipódromos de luz.

Nov. 1971

CARTA DE FRANCISCO RIVERA ACERCA DE "LOS ANGELES", 1973

. . . pero hay dos tipos de ángel (como dos chicles en uno), uno grandote y otro más chiquitito. uno tiene un ala en la espalda y otro el hilo del ala en la mano. uno con rostro escondido o rostro invisible o rostro sepultado y protegido por el rostro dibujado, rostro agazapado o rostro que no quiere o no puede o no necesita mostrarse o parte oculta del rostro del pájaro. porque el cuadro no se llama los ángeles sino el pájaro porque hay nada más que dos alas y dos alas tienen los pájaros. pájaro de dos cuerpos, separados, identi ficables, ubicables. el punto de unión es el rostro, solamente las cabezas se funden para formar una sola con un solo ojo, ojo que mira de frente hacia acá, ojo dibujado sobre el rostro del grandote, el grandote mira hacia allá a través del ojo sin forma del rostro sin rostro del chiquitito y viceversa. y no hay nada más en el mundo.

(no habrá roca colgando roca amenazando hacer a cada momento que pueda hacer que alrededor de la cama esta hierba no se espese hasta el punto de ocultar el resto del mundo a dos miradas que se buscan y se pierde

amor loco loco amor escrito y descrito en la página 84 del amor loco loco loco locoamor locomotora sin riel locomotora abandonada en medio del bosque)

alas de hojas cocidas naturales hilvanadas con hilo de oro. pero el ala del grandote es un ala fluida ala ondulada por el sonido del viento por el vapor que se desprende del fuego cuando la tetera está hirviendo. la otra es una ala de invierno hojitas congeladas hojitas verdes de verano congeladas por la nieve de un día de invierno en pleno verano que el cráter se encar gará de derretir.

(SIGUE DENTRO DEL SOBRE----- →

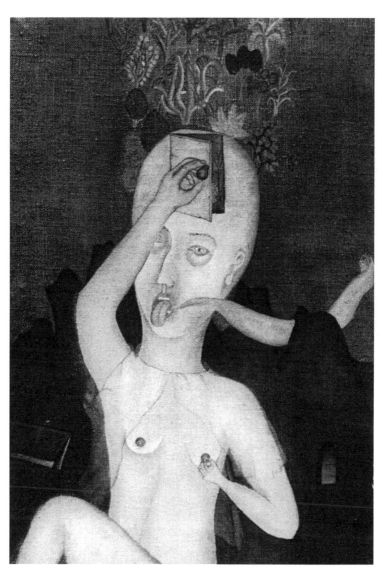

obstructing the doors causes delay and can be dangerous, nov. 1972

basurero. rubbish dump. december 1972

keep the river to your right or i am really the poem-man, february 1973

supercacha. fuck, january 1973

ALMAGRIA, Bitter soul, is a weaver.

> "Let us remember the ritual importance of some fe
> male activities taught to neophytes during the time of
> seclusion. In the first place there is weaving, whose
> symbolism plays an essential role in many cosmogo
> nies. It is the moon who spins Time, she weaves human
> existences & goddesses of Destiny are also spinners.
> Creation and recreation of the world, the spinning of
> Time and Destiny on the one hand, nocturnal, female
> work on the other hand."
>
> Mircea Eliade

This painting was lost in L.A. I wrote the explanation two
years later, realizing that in painting automatically I revealed
visions which I am only now starting to see consciously.
(Excuse me for being schematic. Clarity only distorts reality).
I discovered I had divided Almagria's life arbitrarily in three
fields:

-The Past is the garden behind the wall, a time of visions
at the age of 6, when she held the thread that related her to
the cosmic weaving.

-The Present is the passage between the wall in the
middle. It is the time when, beginning at the age of 13, she
looses that thread and is unable to recognize the weaving
anymore. She can't hear herself and suffers anxiety and con
fusion. She knows what she has lost and blames herself for
it, thus losing her hair and becoming bald, all that energy
against herself! She runs almost naked, trying to recapture
the thread.

-The Future is the yellow yard this side of the wall,
where you can see weaving in the foreground next to a
peacock and an old Taoist. They represent the two kinds
of life she can follow. If she does not recapture the thread

she may lead the life of the peacock (which is the artist's life as conceived in capitalist society: exhibitions, mags, books, etc.; in other words to accept a role within perfectly estab lished structures, filling exactly into the place allotted to her and thus becoming a powerless creature like everyone else in this kind of society).

If she recaptures the thread she will make her uncon scious active and discover the secret functioning of reality, following her own nature. She would work beyond the reg ular channels, or against them, recovering her joy, her visions. In fact this is the old Taoist (puer-senex, old-child), herself as an old woman; she smiles all day lying on the floor ignor ing the thread by her side, because in the end it is the same; "after enlightenment I was as miserable as ever."

The peacock scratches his head to get rid of the thread; it doesn't want to be a symbol of stupid ideas, it only wants to be an animal.

nov 71, nov 73.

manraja, angel que menstrua, abril 1973

"Viola admirable" o "Viola chilensis" o "Viola volcánica", "Ave del paraíso terrenal" o "Violeta de los Andes" según Nicanor Parra. "Santa Violeta" o "ciruela salvaje" según Pablo Neruda. (Viola amada para mí).

Decidí pintar un retrato de Violeta para la serie de Héroes de la Revolución, porque no todos los héroes tenían que ser dirigentes, pensadores o guerrilleros, había que poner héroes del existir, del pintar y el inventar.

La pinté como los estandartes de los sindicatos que son para infundir valor y mística en las compañeras.

Además Violeta es una héroe porque siendo mujer se atrevió a existir y crear según su propio pie, está dividida en tres pedazos porque el mundo fue una carnicería que la cortó y ahora la exhibe como un bistec. Yo la partí en tres sin saber que ella había tratado de suicidarse tres veces, antes de la última y definitiva vez.

Aunque Violeta es muchas cosas yo la represento como Tejedora del Mundo porque ésa es su actividad mágica. Aquí ella teje la letra de su propia canción "Gracias a la vida": Esos ojos que se ven a la izquierda y lo que tienen debajo es: "Gracias a la vida que me ha dado tanto, me dio dos luceros que cuando los abro perfecto distingo lo negro del blanco y en el alto cielo su fondo estrellado y en las multitudes el hombre que yo amo". Más abajo: "Me ha dado el oído que en todo su ancho graba noche y día grillos y canarios; mar tillos, turbinas, ladrillos, chubascos". Y arriba: "Me ha dado el sonido y el abecedario, con él las palabras que pienso y declaro, madre, amigo, hermano y luz alumbrando". En ese cielo azul: "Me dio el corazón que agita su marco cuando miro el fruto del cerebro humano", aquí el fruto son dos duraznos y para seguir leyendo a Violeta hay que remitirse a su autobiografía en versos populares y a sus tapices y a sus canciones y a sus cacharros y a su colaboración con el P.C. que aquí aparece como una hoz y un martillo chiquititos.

LA MUERTE DE SALVADOR ALLENDE (no hay fotos de este cuadro)

El golpe de estado es esa mancha roja, esa manta raya, esa maldad que se ve volando y la sangre que le cuelga son las heridas, las gotas de Salvador Allende. Esa mancha fatídica va echando humo, matando todo lo que estaba vivo, trans formando en un desierto lo que antes era un vergel. Y del Chile maravilloso del socialismo, del paraíso de invención no quedan más que las piedras, los huesos, los esqueletos.

El cadáver de Salvador Allende va cayendo por un abismo, la rasgadura que hacen los asesinos, no sólo de Salvador, sino de todo el esplendor.

La muerte de Salvador no me conmocionó, no me entró en el campo de la conciencia, me empezó a trabajar lenta y misteriosamente, cultivándose en mí como un germen, un microbio o una enfermedad. Me empezó a doler varias horas después, cuando algo horrible se formó, como un desgarro, un grito espeso y maloliente en el vientre, entonces tuve que empezar a pintar. Eran las 5 de la mañana, trabajé todo el amanecer y la mañana hasta las 3 de la tarde del 12 de septiembre.

La muerte de Salvador es un crimen en el sentido en que todos los crímenes son el mismo crimen. No era sólo a él que estaban matando, era mi vida, la vida de todos los que vivían, de todos los que se alimentaban en el gozo de la construcción del socialismo como trabajo manual, tarea solar, dicha sin fin.

La muerte de Salvador mataba todos mis soles, mis esquinas, mi unión, mi despiadada aceleración en el país de Nunca Jamás. Chile socialista era todo mi esplendor porque no era sólo mi esplendor, y yo había dejado de ser mí, para no ser YO, sino ser NOSOTROS por primera vez!

Y sea que la muerte de Salvador sirva como detonante y la revolución resucite de las cenizas.

O sea que la muerte de Salvador acabó con nuestra única y gloriosa vez.

La muerte de Salvador es mi propia muerte, y en cuanto resucite la revolución resucitaré yo, de otro modo todo es rasguño, rabia, sombra, dolor, desierto de aquí a la media voz.

Si la muerte sirve para la resurrección, el desierto volverá a germinar.

Si no, el desierto se va a quedar ahí por siempre jamás y nunca va a florecer, nunca en él nada va a germinar, porque un Chile fascista ya no es Chile, sino que es ELICH.

SALVADOR ALLENDE'S DEATH
(there are no photographs of this painting)

The Coup d'Etat is the red stain, the crime, the flying arbi
trarity and this is the blood and the wounds of Salvador. The
Coup is the Black Smoke killing all forms of life, transform
ing gardens into deserts. From the paradise of invention
Chile was, there is nothing left but bones, stones, skeletons.

Salvador Allende's corpse is coming down the abyss. All
splendour has been destroyed, his death is a crime in the
sense all crimes are the same crime. It is not only him that
they killed but all the ones feeding themselves in the joy of
creating socialism, as handcraft, as a solar occupation. His
death kills all my suns, my corners, my union, my velocity.
Socialist Chile was all my energy, finally I was not I any
more, I was US for the first time!

And whether his death will fertilize the ground for revo
lution or will mean the end of our one and only possibility,
his death is my own death, and I will only come back to life
when the revolution does, when the deserted plain which is
fascist Chile now germinates again with revolution.

12 sept 1973

ADIVINANZAS

QUE INSO SE AJUSTA PRECIOSAMENTE A LA PIEDRA?
lo insólito

CUAL ES LA CONSECUENCIA DE UN HOMBRE DURO QUE MIENTE?
un durmiente

QUIENES SON LOS DULCES ENAJENADOS DE COLOR MORADO?
los enamorados

CUAL ES LA LIBELULA QUE SE UNE CON EL FINAL DEL IMPERATIVO CORTAD!?
la libertad

QUE PLANETA NOS VE DESNUDOS EN FRANCES?
venus

QUE RESULTA DE LO TERSO NUBIL Y RADIANTE UNIFICADO?
la ternura

CUAL ES EL AUTO INGLES ALIMENTADO?
el carcomido

CUAL ES EL FIN AGORERO DE UNA FLOR?
el florero

QUE ES LO INSOLITO QUE SE GUARDA EN LOS DESVANES DE LOS RIOS?
los desvaríos

QUIEN ES UNA PRESENCIA SUAVE QUE PLANEA SOBRE TIL–TIL?

lo sutil

QUE RESULTA DE LA UNION DE LA MUERTE Y EL MASCULINO DE UNA DAGA?

un muérdago

QUE BELLO ANIMAL NACE CUANDO SE ALTERA EL DIAFRAGMA EN LA LLANURA?

un hipocampo

QUE SE CONSTRUYE CON UN DETENIMIENTO Y UNA ELEVACION?

el paraíso

QUE ES AL REVES DE UNI Y SERA VISTO EN UN SITIO?

lo inusitado

CUAL ES EL MUELLE DE UNA AFIRMACION CANTANTE?

la música

QUE AIRE DE PIEDRA NOS CAE DEL CIELO?

un aerolito?

CUAL ES LA MUJER LARGA NORTINA Y MUSICAL?

la quena

EN QUE SE TRANSFORMA UN TOPO QUE SALTA CON GARROCHA?

en gato

RETRATO FISICO

Tengo el cráneo en forma de avellana
y unas nalgas festivas a la orilla
de unos muslos cosquillosos
de melón
Tengo rodillas de heliotropo y tobillos
de piedra pómez, cuello de abedul africano
porque aparte de los dientes no tengo nada
blanco ni la esclerótida
de color indefinible
Tengo veinte dedos y no estoy muy segura
de poder conservarlos
Siempre están a punto de caerse
aunque los quiero mucho
Después me termino y lo demás
lo guardo a la orilla del mar.
No soy muy desvergonzada a decir verdad
Siempre que hay un hoyo me caigo dentro
porque no soy precavida
ni sospechosa.

1966

SOLITUD

Perderíamos más de la mitad
de nuestra unión
si dejo yo de ser
tu amigo

Yo no tenía salida
me sentía gentil

Quieres hacerme
ver el cielo?
Tócame ése espacio
blanco
entre los muslos
suavemente
sin otras intenciones
casi sin querer.

1967

ANATOMIA DEL PAPEL

Lo raro es que la hoja
se paró sola
No tenía el fierrito
erecto detrás
Esto me sorprendió
en el mismo estilo
de tu sexo
que no tiene hueso
y es más duro
que una rodilla
que tiene varios huesos
cinco o seis creo yo.

1967

MASTABA

Me pareció que estaba
asomada en una cascada
del bosque
mientras metías tu mano
en mis nalgas

Creí que volaba
bajándome del caballo
tu mano en mi sexo
me impulsaba
como pájaro húmedo

Floté gozosamente
en la ocasión
me mojé hasta las rodillas
y dos lágrimas
me pusieron negras
las mejillas
tanto estar cabeza abajo.

1968

UN POCO DE CALMA

Y nos acostamos desnudos
como si fuéramos a hacer algo
y no hacíamos nada más que rozarnos
pecho con pecho
mis pezones
y los tuyos
los míos blandos
y los tuyos duros
Yo te los ponía en la boca
y tú te arrancabas
y me decías:
            "Cecilia yo no respondo
            si tu . . ."
y yo te dije:
            "No importa que no respondas
            porque yo no te voy a
            preguntar nada."

1972

CARLORUBINDO ANTES DE LOS 10 AÑOS

ésta era una pequeña alemana bizca
luego de masturbarte una semana saltas
la reja de fierro y la haces acostarse
no hay nadie en la casa primero se sube el
vestidito y luego se baja los calzoncitos
y la alemancita quietamente se deja
acariciar las nalgas
"bajemos la persiana verde no le digamos a
nadie volvamos por guillermo franke"
después de todo en el futuro
uno cumple 10 años y le dice a la alemana:
"tiéndete de boca" una alemana bizca
de pelo gris sin mucho ni poco
una carne blanca y después la confesión
para poder hacer la primera comunión.

1967

LUMINOSIDAD DE LOS ORIFICIOS

Incluso puedo contarles algún cuento
hablarles de mi novio dulce ladrillo
de piel de origen indio y apariencia
volcánica con siete cráteres con características propias
Uno por ejemplo tiene labios
y es el cráter de la paciencia
el más cómico y decidor
Además de él sale la poesía
encanto primordial de mi novio
Hay dos cráteres en cambio de los que
no sale nada, sino que entran cosas
se llaman LAS ENTRADAS DE LA MUSICA
y son algo rugosos
vulgarmente llamados orejas
son los aparatos más suaves del amor
los que mi novio no se lava por temor
a entorpecerlos o rayarlos
como quien destruye un disco
y con él se acaba una fuente de milagros
Quedan otros 2 cráteres cuya función
es no solo dejar salir algo si no que
dejar entrar
Estos quedan sobre un órgano mojado
y hacen FUZ FUZ cuando funcionan
A ellos se debe la gracia del aroma
y la fetidez
Por eso se llaman despertadores

o INDICES DE LA SENSIBILIDAD
y al que se le desarrollan es un afortunado
y a mi novio le dicen LUCKY FORTUNATO
aunque se llama claudio.

1968

NUMERO TELEFONICO

Cuando cambiaron tu número de teléfono
creí que una catástrofe se avecinaba
porque el 2 y el 3 habían venido
a reemplazar al querido 4 y 9
y ya ninguna mitología se apoderaría
del 7 y el 9 así como se agrietaba
en el 0 y el 8
Eran tan redonditos sonoros y cariñosos!
Fluían con un ritmo tropical
de café oscuro
tabaco antaño incienso laco
Te vivían y deletreaban
zapateando con marmolitos
y los últimos 9-4 eran turbios
pesados legañosos
como un número de teléfono
otorgado en el Hades
o en el más allá
y no en la compañía
inerte numérica
que no sabe a quién
da el número que da
El 23 79 30 no significa nada
es algo difícil de memorizar
tiene un aire siniestro y carcelario
además es un sonido anónimo
que no me puede interesar
En cambio el 49 08 94 es una miel perdida

un cuadro de Sassetta
donde ermitaños desnudos
celebran una dorada festividad.

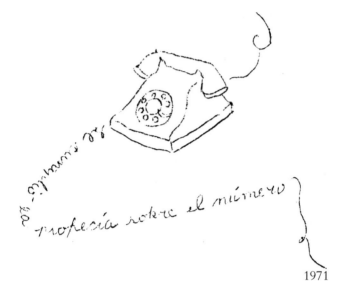

1971

RETRATO PARA TUMBADORAS

¿Quién eres tú
sino un tipo delgado
que despierta mi pasión?
Quién eres tú sino un bailarín delicado
que no sabe bailar go go?
Un caballero
lleno de bajezas
y calañas de lo peor?
Un ritmoadicto de la canción?
Un verbigracia
Barbiadulto
Melidorado crespicolorino a todo vapor?
Grandilocuente emperico chin chu flai
caído de miasmas
aturdido
idolatrado
embancado en los espejos de su cabinet?
Niñito de pecho
traidor
Componente del aula magna
de piojos y lauchas
Cuidador y mantetuviente
de polvos en su esplendor
Cobarde y marañudo
lleno de sañas y flautas
maniático del candor
púdico y luchador
incandescente atrabiliario

me quedo en tu fulgor
neurótico
histérico
a media voz
cantante sin su lancha
lejos del palacio del Rock.

1971

EL CENTRO DEL MANDALA

Besarte no es una solución
Que me penetres y langüetees
no es una solución!
Mirarte ha llegado a ser más íntegro
que besarte
Un beso es poco para mí
Un coito es demasiado poco
Un coito no sabe contener ni expresar
ni satisfacer mi sentimiento de ti
La vida y la muerte se anudan
y desarman en ti
Cuando yo te veo es la feliz consumación
el dichoso encuentro de dos corrientes
de dos tiempos
que vienen de distintos lugares
del cosmos
Es como en los paraderos de micros
en que muchas personas están paradas
y muchas micros vienen
pero cada uno sube a su micro
Es por fin la perfección la comunión
el gozo de las corrientes que se han encontrado:
la micro y la persona.

PUESTA DE SOL

Se dice que EL SOL SE PONE★
en el horizonte
como un pan sobre la mesa.

★Para significar el Ocaso

Y el Ocaso no es a su vez un Acaso
en el que el Caso prefiere decir
O ...
para dejar abiertos los casos
que sucederán al sol
al otro lado del Ocaso?

1972

SELENITA

La noche
es un desliz
de la mañana
      Un tormento
      para la luna
que siendo
de naturaleza
apagada
se ve obligada
a brillar.

1967

PAJARITO O PAREJITO

¿Y si yo dedicara mi vida
a una de sus plumas
a vivir su naturaleza
penetrarla y comprenderla?
Pensarla y serla hasta el fin?
           Y haber llegado
a una época en que mis gestos
son las mil varillas ínfimas
de la pluma
           Y mi silencio
los zumbidos y susurros
del viento en la pluma
           Y mis suavidades
aterciopeladas y sedosas
como la pluma
Y mis pensamientos
veloces ajustados y certeros
como los no-pensamientos
de la pluma.

1971

AMADA AMIGA

para carmen cecilia

Las personas que me visitan
no imaginan lo que desencadenan en mí.
C. no sabe que yo lloraría un mes entero
por verla de nuevo sentada en mi cama
Ella no sabe que sueño con mirarla
y acariciarla sin que me vea
sin que descubra la adoración
que despierta en mí
Y mientras le echa dulce de camote al pan
parece que está jugando con cálices
y piedras sagradas
el modo como levanta la mano
para llenar el cuchillo de mantequilla
es un gesto donde los mares hacen equilibrio
donde las mujeres que tienen frío se solazan
Tiene oleajes y consecuencias
como una línea en el radar
que se repite y agranda hasta el infinito
Es un gesto que nada
Y cuando se levanta la falda
para mostrarme el calzón plateado
veo grupos ondulantes de caderas
que repiten la redondez
y la perfección hasta alcanzar
una estridencia grande
Y así apenas tengo tiempo de persistir
y fijarme en cada uno de sus gestos

y anhelo que no se mueva demasiado
para alcanzar a vivir a respirar
a comer y dormir en esas planicies
Está tan oscuro el muslo
tan brillante el pelo
que parece habla en otro idioma
Lo que digo es tan torpe
que me duele el estómago
pero cómo voy a decir:
                    "Eres tan hermosa"
                    "Me alegro tanto
                    de que hayas llegado"
                    "Me gusta que me hayas dado
                    la gracia de vivirte"
Hablas tantas cosas que ya sé
Con la cabeza no te muevas
Qué me importa la cabeza
eres tan inteligente, no, no es eso
todos se reirían de mí
si leyeran lo que te digo
Creerían que quiero halagarte
qué poco saben de la realidad
qué poco perceptivos son
Yo no invento, digo lo que está ahí
Cuando subo el libro del Renacimiento
donde vemos primitivos italianos
sobra que hable de las colinas
y ciudades de Lorenzetti
Tú ya las ves
Si pudiera decirte:

"En esta ciudad te encuentro"
"Tú eres esas colinas"
"Tú las pintaste"
Tus dedos son iguales a la curva
de las aletas de la sirena
representada como "alegoría"
pero no es exactamente esto
Tú eres un país con ciudades de Lorenzetti
Tú y yo
alguna vez volveremos a esa ciudad
No sufras porque en un cuadro de Leonor Fini
dos mujeres se acarician
yo alguna vez te acariciaré
No te preocupes de que estés envejeciendo
tú vas a otra clase de tiempo y yo también
Aliméntate del relato que me haces
de la copa de vino que cruza el umbral
de la puerta del baño de los dominicos
Aliméntate y enjóyate
No dejes de soñar con el cuadro del maestro
de Fontainebleu donde una mujer
le toma a otra un pezón
Durante épocas enteras nadie soltará tu pezón
Quiero llorar sufrir enterrarme en ti
Ahorcarte y hacer un hoyo profundo
donde te empiece a tapar con tierra
lentamente y ver tus colores podrirse
bajo el café
¿No te gusta tanto la combinación
de violeta y café?

Te puedes vestir con un traje violeta
para que yo llore más
No quería decirte nada que te asustara
no quería hablarte de la muerte
pero ya que la temes tanto
¿cómo no voy a hablar?
Es escaso el tiempo que tenemos
para vernos y conversar
No sé por qué te mostré
el libro del Renacimiento
No quería entrar en comunión contigo
Deseaba que te fueras para que no me doliera
y nadie tuviera pensamientos de mí
Me preocupa que estés fuera
como los otros
y no Dentro
Tú jamás podrás escuchar mi música
ni sabrás por qué subí ese libro
ni por qué deseo enterrarte
ni por qué deseo que escribas las explicaciones
de tus cuadros
Te tengo miedo
porque siempre me has despreciado
No puedes mirarme como yo te miro
No puedes amarme como yo te amo
No puedes ni siquiera desear acariciarme
Y lamerme vivir algún tiempo conmigo
haciéndome peinados góticos
Y pidiéndome que revuelva tu té
con la punta de mi pezón
Tu desearías que yo regara las enredaderas

que plantaría alrededor de la casa
para que nos envolvieran y llegara el momento
en que no pudiéramos salir de la casa
y empezaría a llenarse de telarañas
y tú y yo viviremos en un rincón
y haremos cuadros en colaboración
Adivinas mis pensamientos
descubro los móviles que te impulsan
Tocarías la flauta aunque tienes tan poco oído
No deseo que me hables de tus amantes negros
Envidio la intensidad de tu pasión
esa cualidad que está en tu manera
de salir de las librerías
A veces me suicidaría
para dejarte sentir
mi avidez de sangre
salvajes movimientos
que apenas puedo dominar
es que soy un poco un jabalí
Tú podrías apreciarlo
si tocaras el clítoris
igual al colmillo de un jabalí
que con el tiempo se endurecerá
Pienso salir a pasear contigo
observarte mientras recoges piedras
o me hablas de tus amores escondidos
Me agrada tanto que ocultes gran parte
de tu vida
Me gustaría ser hombre para seducirte
y obligarte a que abandones tu casa
tu abuelo tu marido

que te olvides de todo como si estuvieras
drogada amarrada
o víctima de una fiebre muy grande
Pero esta idea
no me seduce
Los hombres me dan lástima
separados y solitarios esperando unirse
Siempre están Afuera y nada necesitan
con más urgencia que estar DENTRO
para probar alguna tibieza
una gota de suavidad
oleajes
altas y bajamar.

Estoy cansada de ti
de tus resistencias y conciencias
estoy cansada de tu excesiva lucidez
nunca te dejas llevar
me gusta más que no lo hagas
cuando lo haces
parece que el corazón
                    te va a estallar
                    te va a sangrar
                    te va a florecer
                    te va a doler
                    lleno de espinas
Es mentira que me haya cansado
Es de mí que me canso
de mi torpeza
que no me deja oír
acercarme y

naufragar en ti
Bailar a tu alrededor para que un día me elijas
y me lleves a castillos del norte
de europa
Deseo verte nada más
que te enamores de otros
y nunca te apercibas de mí
Quero ser una cola
un objeto que llevas en el bolsillo
Quiero estar a tu merced
Cuando te vistas con camisa
de dormir de franela
y calcetines de lana durante una semana
y te afeas y te avejentas para morir
un poco y castigarte y podrirte
Quiero estar cuando resucites
y seas una gloria de ojos húmedos y oscuros
Quiero verte levantar el vientre de placer
cuando oyes el coro del día feliz
Quiero ser como una india
que está escondida en las montañas
y nunca viene a las laderas
porque todo le duele.

Iluminarme con mis propias luces.

No sé cómo dedicarme a tu contemplación
Eres hirviente
y no sólo eso: te depilas
Eres muy peluda hasta en las mejillas
eres peluda

Es que eres mitad bella y mitad bestia
Naciste del cruzamiento
de tu madre con la muerte
La mitad de ti vive y el resto está muerto
Mirada desde cierto perfil das miedo
Ni siquiera en la infancia habrás sido rosada.

Los que hacen el amor contigo
creen que nunca regresarán
que se van a hundir
que les vas a tejer
una tela húmeda en la espalda
y te los vas a adosar al cuerpo
y como es probable que tengas conexiones
con la boca de los volcanes
por ahí lanzarás a tus amantes
y si ellos se liberan
es solamente porque
te compadeces.

Tu lado humano no está a la altura
de tu lado bestial o mortal
es caritativo y tiene malas cualidades
Eres bondadosa y cruel
Algunos te temen y te imaginan
dueña de regiones orgullosas y llenas de daño
Pero los que te han visto con fiebre
y hasta en épocas de menstruación
o botando pedazos de fetos
te aman muy en contra de tu voluntad
si es que tienes voluntad

Solamente una intensidad
una pasión le da poderes a tu vida
y la muerte se ve acabada y arrollada
por fuerzas peludas y calientes miradas.

La muerte no puede evitar
que tengas esos senos
ni esos muslos ni esos tobillos
qué daría la muerte
porque no tuvieras
esos ojos redondos
para dominarte envolverte y guardarte
de una vez por todas.

1970

MAWIDA

Desde que comenzó el exterminio del puma
o león americano
y desde que las mujeres fueron desprovistas
de sus jardines de humo
algunas de ellas se han vuelto salvajes
y abandonándolo todo
vanse a la cordillera

Inocentes caballeros consumidos
pretendiendo darles alcance
han encontrado lustrosas motocicletas
abandonadas en riscos y ventisqueros

Han sido vistas merodeando
ciudades solitarias
en compañía de amigables leones
leopardos veloces guían su marcha

Huidizas lobas intratables
amedrentan a sus amantes
con prácticas animales
cuyo símbolo central
es el lápiz labial.

1971

TERESA LA IMBECIL

Mis amores en realidad
son la caja extraña de una muñeca polaca
Los ojos de la rubia apareciendo
sobre las caderas mucho después de la medianoche
la buhardilla siempre está especial
para soltar el enorme cabello
en la espalda y caen las hebras finas y gruesas
por su mentón de nutria
Deliberadamente asomaba su rostro en la pared
y no se veía más que la sombra de los senos
ocultos bajo marmotas de pelo
Y tan encantador el resplandor de su piel
a esa hora desusada
Los desvíos de la cintura
se distinguían claramente
como abejas en el césped
la ventana no estaba abierta ni cerrada
lo que yo veía, amarillo como cristal
se desprendía de las caderas soñolientas
amasadas en torniquetes impropios
Todo lo que yo veía era un destello pálido
de los pelos que se abren delicadamente
y dejan ver la piel rosada o verde ya no lo sé
de las caderas a un millón de centímetros
de mis miradas.

EXPEDICIONES DE BIBLIOTECARIOS

Es difícil comprender hasta qué punto
especies minúsculas han podido conservarse
entre las páginas de los libros
además siquiera imaginar
un lector para cada uno de los libros
es una absoluta quimera
Hay volúmenes que jamás han sido leídos
otros que deben esperar décadas
para que alguien decida hojearlo
El destino de las páginas llenas de encanto
es desconocido
Nadie se atrevería a dictar una eliminación
nadie osaría proponer una gigantesca hoguera
Algunos creen que actualmente
nacen más libros que niños
Hay también más mariposas que personas
Pasear por las bibliotecas es más complicado
que entrar a una selva virgen
Volúmenes atrozmente atractivos
yacen abandonados
Nadie podría hacer una clasificación!

Si alguien desea encontrar
un libro del siglo XVI
debe despedirse de sus familiares
conseguir provisiones para tres meses de viaje
abrigarse convenientemente
e internarse entre los libros

Si sale con vida y no se pierde en laberintos
debe considerarse muy afortunado
Contrariamente a lo supuesto
éstas dificultades no hacen sino engrandecer
el interés por la poesía
Y aunque los aventureros escasean
cuando se presenta alguno
se trata sin duda de un tipo serio
Hay varias salas de biblioteca
en las que jamás ha entrado persona alguna
No puede saberse si en estos lugares
los personajes de las novelas del siglo veinte
y los tratados filosóficos del siglo once
hacen de las suyas
Es posible que las ideas
tengan una forma concreta
desconocida hasta hoy
y que una mujer romántica
que estaba en un ensayo
o en un epistolario de fines del siglo 18
se haya enamorado perdidamente
de una idea religiosa
que proviene de la Edad Media
También los animales mitológicos pueden haber
salido de las páginas
para alternar con vírgenes de 12 años
Es terrible la manipulación de que son objeto
éstas desconocideces
Cuando una mujer decide entrar
en estos terrenos debe armarse de una malla
para cazar mosquitos y de un bálsamo

que la proteja de maleficios y encantamientos
drogarse y enseguida arredrarse
con paisajes nunca vistos
Las que regresan emiten incoherencias
sobre el polvo los ruidos y mallas tejidas
por incontables animales pequeños
Observen éste calor intenso
Las navegaciones permitirán al alcohol
desvanecerse dichosamente.

1970

DESVIACIONES NATURALES

Estudiábamos filosofía
en una casa llena de animales minúsculos
Había zorros
del porte de una laucha recién nacida
y patos no más grandes que una mosca
pingüinos y etc.
                         Los dormitorios
estaban llenos de enfermos mentales
que hacían esculturas de mármol.
                         Después de copiar
un texto completo que hablaba de Heráclito
Parménides y sus relaciones con Heidegger
nos dedicamos a pensar cada uno
de los intervalos sorprendentes
entre línea y margen.
                         A pesar de la blancura
irregular reinando en las salas
montamos guardia sobre unos poetas viejos
que llevaban abrigo azul oscuro
y deseaban destruir nuestro gabinete de estampas.

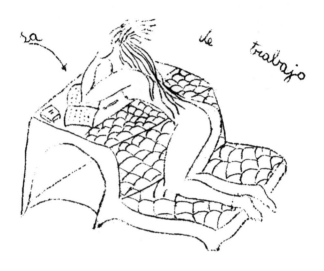

NUEVOS DISEÑOS EROTICOS PARA MUEBLES

Soñando con un mundo vasto
hemos llegado a la certera conclusión
de que las posiciones del cuerpo
en el mundo civilizado
son demasiado limitadas
de modo que terminaremos
con la posición
     "sentada en una silla"
para proponer distintos muebles
que ofrezcan multiplicidad
de movimientos o situaciones corporales
a la conductora de sus propias carnes.

Esta idea será de fundamental interés
para las personas obsesionadas
u obligadas a permanecer
durante largo tiempo inmóviles
como son:
    estudiantes
    oficinistas
    operadores de fábricas
    asistentes a reuniones
Se crearán modelos para personas
que odien escribir sentadas
para que puedan hacerlo
hincadas, de boca, en cuclillas
o cabeza abajo
        Estos muebles irán
en beneficio de la salud
y la belleza de todos los interesados
gracias a la peculiar irrigación
sanguínea y la repentina
turgencia de muslos y nalgas
que sin duda tengo planeadas.

1971

DETERMINACION

Al principio parece un acto
particularmente inútil
descabellado y fuera de lo común
pero a medida que uno descubre
que es una simple manipulación de objetos
como cualquier otra se vuelve fácil y natural
buscar los barbitúricos
es igual que buscar aspirinas para el resfrío
y preparar el gas encierra
las mismas dificultades
que condicionarlo para una ducha:
hay que rabiar con el fósforo
mover palancas etc.
Los actos adquieren su verdadero valor
aparecen precarios y sin sentido
suicidarse no es distinto
de lavarse todos los días
es un acto como tantos
ni más particular ni más trascendente
con él nada cambia
y probablemente no sea un principio
ni un final sino la continuación de un proceso
celular que va de la gestación a la pudrición.

PHYSICAL SELF PORTRAIT

I have a cranium formed like a hazelnut
and a pair of romping buttocks
by the shore of two ticklish melon thighs
my knees are heliotropes
and my ankles pumice stone,
my neck is african birch
because except for the teeth
I show no white,
not even the whites of my eyes
of indefinable hue.
I have 20 fingers and am uncertain
of being able to keep them,
they're always
on the brink of dropping off
though I love them very much.
Later I finish myself
& the rest I keep by the sea shore
I'm not really shameless, to tell the truth,
whenever there is a hole
I fall inside
because I'm not cautious
or suspicious.

SOLITUDE

We would lose more than half
our union
if I stop
being your friend

There was no way out
I was feeling gentle

Do you want to make me see the sky?
touch that space
white
between my thighs
softly
with no other intentions
almost without wanting to.

1967

PAPER ANATOMY

It was strange
for the typed sheet
to stand on its own
without the erect
paper support
to hold it.

This surprised me
in the same way
your sex does:
it has no bones
and is harder
than a knee
which has several bones,
five or six
I believe.

1967

MASTABA

I had the feeling I was
leaning into a waterfall
in the forest
while you pushed your hand
between my buttocks.

I thought I was flying,
dismounting from a horse,
your hand on my sex
impelled me
like a humid bird.

I floated joyously
on the occasion,
was wet down to my knees
and two tears
blackened my cheeks
from being upside down so long.

1968

EASE

And we lay down naked
as if meant to do something
and we did nothing but rush against each other
breast to chest
my nipples
and yours
mine soft
and yours hard
I placed them in your mouth
and you recoiled
and said:
          "Cecilia I won't answer for what
          I do if you...."
and I said:
          "No matter if you don't answer
          because I'm not going to ask
          you anything."

1972

RADIANCE OF THE ORIFICES

I might even tell you a story,
talk to you about my boyfriend, sweet brick
of skin, of indian stock, volcanic look
and seven craters
down his body.
But there is one from which lava flows
and that one is the favourite.
There are other craters
with their own attributes.
One for example has lips
and is the crater of patience,
droll and talkative;
from it flows poetry as well,
my boyfriend's main charm.
There are two craters though, from which
nothing flows but into which many things enter.
They are called THE ENTRANCES OF MUSIC
and are somewhat wrinkled;
commonly called ears
they are the softest tools of love
and which my boyfriend never washes
for fear of damaging or scratching them,
like when a record is destroyed
thus ending a source of miracles.
There remain 2 more craters whose function
is not only to allow things to emerge
but let things enter.
These lie on a humid organ

and go PHOOZ PHOOZ when they function,
to them we owe the grace of aroma
and mustiness.
That is why they are called wakers
or INDEXES OF SENSITIVITY
and whoever has them well developed
is fortunate
and my boyfriend is called
LUCKY FORTUNATO
although his name is claudio.

1968

PORTRAIT OF A CONGA DRUMMER

"Lao-tsé singing
the blues"

claudio bertoni

Who are you
lanky one who wakes my passion?
Who are you but a delicate dancer
who can't move?
A gentleman, mean and full of the worst?
A Rhythm & Blues addict?
A forexample
of oldbeards
Full steamed honeygolden redhaired
Empiri chin chun flye grandiloquent
Fallen from miasmas
Stunned
Idolized
Embanked in the mirrors of his cabinet?
Breast child
Traitor
Component of greater lecture halls
of lice and mice
caretaker and keeper
of splendorous little fucks
coward and tangled
full of flutes and fury
maniac of innocence
chaste and combative

Incandescent and ill-humoured
I stay within your glow
neurotic
hysteric
whispering
boatless singer
far from the
Palace of Rhythm & Blues.

1971

SELENITE

Night is
morning's
blunder
    A torment
    to the moon
which
being by
nature dark
feels compelled
to shine.

1967

LIBRARIAN EXPEDITION

It's difficult to understand to what degree
minuscule species have survived
in the leaves of books
and even to imagine a reader
for each of these books is absolute chimera
There are volumes that have never been read
and others that have to wait decades
for someone to open them
The destiny of pages full of beauty
is not known
Who would dare dictate a deletion?
Who would dare propose a giant bonfire?
Some think that nowadays
more books than children are born
There are also more butterflies
than people
To visit a library is harder
than entering a virgin jungle
Some atrociously beautiful volumes
lay abandoned
nobody could ever classify those!
If anybody wishes to find a book
of the XVI century
she must leave her family
purchase supplies for a three month long journey
clothe warmly and enter the books
If she emerges alive
and doesn't get lost in the maze

she can consider herself very fortunate
Contrary to what people think
these difficulties can't but magnify
the interest in poetry
And though foolhardy adventurers
are rare
when one appears
she could only be a serious person.

There are several rooms in the library
into which none have entered
Who knows whether in these places
the characters of a twentieth century novel
and philosophic treatises of the eleventh
century are up to any good
It's possible that ideas have a concrete shape
unknown until now
and that a romantic woman immersed in an essay
or an epistolary from the last years
of the 18th century
may have fallen in love smitten
with a religious idea from the Middle Ages
Even mythological animals could have come
from these pages to join 12 year old virgins
It's terrible how manipulated
these unknowns are
When a woman decides to enter
these fields she must be stoned and forthwith
shrink from land scapes never before seen
Those who return let loose incoherences
into the dust the sounds the networks woven

by uncounted tiny creatures
Watch this intense warmth!
To voyage will allow
alcohol to vaporize.

1970

MAWIDA

Since they started exterminating the puma
or american lion,
and since women were stripped of
their gardens of smoke
some have turned savage
and abandoning all
return to the mountain range.

They have been seen
roaming solitary cities
by the side of friendly lions,
swift leopards
guide their steps.
Haggard, innocent men
hoping to overtake them
have found shiny motorcycles
in cliffs and glaciers.

Fleeting, intractable she-wolves
threaten their lovers
with animal habits
wielding the lipstick
as their central symbol.

1971

Fragments of Memory: an Afterward

Salvador Allende's Death, September 11, 1973

I was in London on the night of the coup. Someone
knocked at my door and said: "Allende is dead." I laughed
una risa de muerte. Death was laughing in me. A huge blood-
clot fell into the sea.

Salvador Allende's Death, oil on canvas, 15 x 22", September 12, 1973

The last page of *Saborami* (p. 102) became the first page of our future.

The coup of September 11th

In Chile, when the coup took place communications to the outside world were cut. News was censored and there was no way of knowing what was happening, who was dead or alive. We were kept guessing. There was a wall of silence until three weeks later when an independent newsreel smuggled out of Chile showed up on British TV. Nothing prepared us for the horror it revealed. Regular citizens rounded up, tortured and murdered, among them, my friend Victor Jara. Later we learned that people were kidnapped and thrown from helicopters into the sea. We called them *desaparecidos*, to acknowledge what the new military government did not: that they had once existed.

The diary of objects

I left Chile a year before the coup, to study art in London. Once there, I began to feel a military coup was imminent. Our democratically elected government was under threat. The first attempt to oust Allende took place on June 29, 1973, but failed. A military tank unit attacked the government palace but was thwarted by loyal Constitutional soldiers.

Five days before the failed coup, I began my "diario de objetos," a journal of precarious objects assembled from debris collected from London streets; little prayers to prevent the coup. I gathered mementos of our condemned world from the Chilean Embassy: clippings from magazines, newspapers and snips of teletype. The diary itself anticipated the death of our "democratic revolution."

Cada uno de esos palitos, cada cable torcido ha sido visto, recogido, completado. Yo he intercambiado mi lugar con él. He sido en ese instante el palito, la basura. He sentido su abandono, su belleza.

Autumn (1971)

The conspiracy to overthrow Allende started long before the coup of September 11th. It began the moment he was elected in 1970. My *Autumn* installation was to open on June 8, 1971 at the National Museum of Fine Arts in Santiago. A few hours before the opening an ex-minister of the Chilean government was murdered. This was the first political assassination of our era. The museum immediately closed its doors in mourning. When people showed up for the opening they could not get in. The exhibition opened three days later with no one around to see it.

The book

A few months before the coup, Felipe Ehrenberg invited me to produce a book for Beau Geste Press. He knew my work from *El Corno Emplumado* the Mexican poetry magazine of the 60's. Felipe was a co-founder of Beau Geste which, by the early 70's, had become the main press for the Fluxus movement.

The Press operated out of a 16th century farm in Devon where Felipe and his family lived along with associates David Mayor and Takako Saito. When invited to do a book-work at Beau Geste, you moved to the farm, working and sharing with the chores: feeding the animals, cooking and shopping.

So I designed my book to reflect that reality. I dyed and reused paper from the pigsty and inserted leaves from the garden. I translated the book and, with Felipe's help, printed it on mimeo and offset. We made only 250 copies. Each book was one-of-a-kind with elements inserted at random such as letters, insects, or threads.

My original plan was to do an "artist's book," a journal of objects with beautiful black & white photos. But the coup took place only a few days before production. I had to change plans and create a new work, and do it fast.

I decided to include the poems, the paintings and the *Autumn* narrative, sensing that they would disappear. In fact these poems (pp. 103-152) were censored in Chile for the next 37 years. The Beau Geste Press *SABORAMI* was a precarious edition, each book a piece of debris, *una basurita editada.* The work you now have in your hands is a distant relative, a semi-facsimile of that first fragile *SABORAMI* which was constructed with the poorest materials.

> "*Pasarán más de mil años muchos más, yo no sé si tenga amor la eternidad, pero allá tal como aquí, para siempre llevarás sabor a mí ....*
>
> from *Sabor a Mí*, a bolero by Alvaro Carrillo

Saborami in London

After being printed in Devon, the book was displayed at the Institute of Contemporary Arts (ICA) where I had a show a few months before. Tony Cash, from the BBC, saw the book and made a documentary about my work. Shortly thereafter a professor from the Royal College of Art sent for me. I arrived at his office, to find him enraged, brandishing a copy of the book and yelling at me. "How do you dare write like this? This book is an attack on art and poetry and western civilization. You will be erased. This is pure rubbish."

What we lost

With the coup we lost the memory of who we were.

Violence was done to our bodies, our language, our self image. Terror reigned and thousands died, many thousands tortured and many thousands more were forced into exile. Total censorship ruled while unarmed civilians and opponents were being killed. But the massacre was justified by a web of lies. Lies that have never been lifted. The dictatorship lasted 17 years. A new constitution was drawn, and it remains in place even today. After the dictator was voted out by national plebiscite in 1989, a new American style democracy was installed, a barely disguised collusion of business and government. In the new Chile, money rules and people don't participate.

Disconnected from language and memory, we forgot the living democracy where even children played at governing themselves. Forgot that school began on Monday with the teacher taking a back seat while we learned self-government. Forgot that high school students participated in rallies to protest or plea for justice then, as they do today. Forgot the way everyone took part in politics. We forgot Cybersyn, the futuristic communications network Allende installed, a democratic internet before the internet.

In the Chile before the coup, the "I" was experienced simultaneously as individual and collective. We felt it when a million people marched together in Santiago (a city of only 3 million people) to salute Salvador Allende. We felt it as we chanted *"ahora somos nosotros"* "now we are us." Not the American "us versus them," but a collective us, including us all, even those who were against Allende.

For the three years that Allende governed, Chile was a magnet. People came from all over the world to be part of the "experiment." A new form of participatory democracy was taking shape. Conflict was allowed to blossom without persecution. Chaos and order intertwined and hundreds of new projects flourished.

We lost the memory of the ancient meanings. Chile took its name from Chili, an indigenous leader of the Aconcagua valley where a powerful dissonant music was born, *el sonido rajado*, a pre-Columbian art form still practiced today. A sound that embodies a democratic vision: in its ritual performance there are no soloists and no leaders, only individual performers playing in pairs. All perform at once with many orchestras playing simultaneously until the totality of their sound becomes ONE instrument, one sound. Dissonance is beauty. The history of the social struggles of Chile, from pre-Columbian times to the present reflects this spirit, a native concept of participatory democracy.

Today, the experience of the double "I," of the collective and individual as one, is only remembered by the indigenous who are now being persecuted and branded as the new "terrorists."

The Dream

The dream of social justice pervades the history of Chile and Latin America. It began in ancient times and continues today. It never dies, yet is always thwarted.

Saborami is the broken heart of an era. A heart dropped into the sea with the bodies of the disappeared.

Un nosotros ahora olvidado, desaparecido con los cuerpos lanzados al mar.

★

This piece is dedicated to my uncle, Carlos Enrique.

Cecilia Vicuña
New York, May 16th, 2010

Co translated with the author by James O'Hern

About the Author

Cecilia Vicuña is a poet, visual artist and filmmaker born in Santiago de Chile. The author of twenty books of poetry, she exhibits and performs widely in Europe, Latin America and the United States. Her multidimensional works begin as a poem, an image or a line that morphs into a film, a song, a sculpture or a collective performance. She calls this impermanent, participatory work "lo precario" (the precarious), transformative acts or "metaphors in space" which bridge the gap between art and life, the ancestral and the avant-garde. The precarios began in the 60s in Chile, as unannounced works that disappeared without a trace. Her paintings and poetry reached large audiences before being censored. Although her early poetry was scarcely published in Chile until 2009, she is now acknowledged there as the most relevant poet of the 60s.

Her work, deeply embedded in the cultural life of Chile, extended into her exile after the coup and continues to this day. It emerges from a sense of political/spiritual necessity. In Chile, she founded the Tribu No in 1967, which produced anonymous poetic actions throughout the city. Exiled in London, she co-founded Artists for Democracy in 1974 to oppose dictatorships in the Third World. In 1975 she moved to Bogotá, Colombia. She arrived in New York in 1980 and was invited to join the Heresies Collective that published *Heresies: A Feminist Publication on Art and Politics.*

Her latest book, *Chanccani Quipu,* a quipu edition of 32 copies, is forthcoming from Granary Books in 2012. *Spit Temple, Selected Oral Performances of Cecilia Vicuña* is also forthcoming from Ugly Duckling Presse. Her film/poem *Kon Kon Pi* was included in the ON LINE exhibition at MoMA in 2010 (www.konkon.cl). *"Soy Yos": Antología 1966-2006* was published by Lom Ediciones, Chile in 2011. She co-edited *The Oxford Book of Latin American Poetry* (2009) and co-founded oysi.org, a wiki website for the oral cultures and poetries of the world.

ChainLinks is a spinoff project of the journal *Chain*. The goal is to produce books that might change people's minds, might agitate for (thought) reform, might shift perspectives. This project also continues *Chain*'s desire to provide space for work that slips through genre cracks and falls outside of disciplinary boundaries. The series editors are Jena Osman and Juliana Spahr; each individual volume is put together by guest editors. For more on how to submit a volume proposal, see www.chainarts.org. This book is made possible with monetary support from 'A 'A Arts and Chain Arts, Mills College and Temple University, and generous contributions from individuals and subscribers.

CHAINLINKS (current & forthcoming volumes)

1) *Intersection: Sidewalks and Public Space*
   Marci Nelligan & Nicole Mauro, eds.

2) *Borders*
   Susanne Christensen & Audun Lindholm, eds.

3) *Refuge/Refugee*
   Jena Osman, ed.

4) *Predictions*
   Cara Benson, ed.

5) *Genocide in the Neighborhood*
   Brian Whitener, ed.

6) *A Megaphone: Some Enactments, Some Numbers, and Some Essays about the Continued Usefulness of Crotchless-pants-and-a-machine-gun Feminism*
   Juliana Spahr & Stephanie Young, eds.

7) *SABORAMI*
   Cecilia Vicuña

8) *Somatic Engagements*
   Petra Kuppers, ed.

Distributed by Small Press Distribution
1341 Seventh Street,
Berkeley, CA 94710
www.spdbooks.org